天下文化
BELIEVE IN READING

從沙龍到聯合國

歐萊德創辦人

葛望平的綠色模式

邵冰如 著

目錄

台北科技大學 胡憲倫　SGS 黃世忠

全國動物醫院 陳道杰　cacaFly 邱繼弘

經濟部部長 王美花　上銀科技 蔡惠卿

世界花藝冠軍 吳尚洋　宏佳騰 林東閔　TWYCC 張寒瑋

中小企業處前處長 賴杉桂　中經院 溫麗琪

台灣大學 陳嫦芬　知名插畫家 我是馬克

台灣大學管理學院首任院長 許士軍

台灣精品品牌協會 李雄慶　PChome 吳德威

弘光大學 張聰民　金元福 陳郁卉

駐沙烏地阿拉伯代表 鄧盛平

政治大學 郭炳伸　奧美公關 謝馨慧

KPMG 黃正忠　台灣科技大學 盧希鵬

台灣設計研究院 張基義　中華開發 劉澤生

歐都納 程鯤　雲朗觀光集團 盛治仁

逢甲大學 佘日新　政治大學 別蓮蒂

跨界藝人 黃子佼　友達光電 古秀華

傑思・愛德威 楊佳燊　昇恆昌 江建廷

台灣大哥大 林之晨　荒野協會前理事長 賴榮孝

集泉塑膠 詹景忠　瑞營塑膠 林清森

推薦影音　推薦序言

名人推薦

實踐大學 丑宛茹　台灣大學 葛明伊

國發會前主委 陳美伶　AAMA 顏漏有

台灣大學 劉怡靖　台灣藝術大學 范成浩

交通部前部長 葉匡時　台達電子 郭珊珊

優樂地 朱竹元　逢甲大學 汪浩　台灣師範大學 王千睿

外貿協會董事長 黃志芳　駐法代表 吳志中

義大開發 林俊昇　大江生醫 林詠翔

外貿協會 嚴麗婷　iKala 程世嘉　塑膠中心 蕭耀貴

KKday 陳明明　春池玻璃 吳庭安

桃園市市長 鄭文燦　宏碁創辦人 施振榮

逢甲大學 邱世寬　玉山銀行 黃男州

台灣師範大學 董澤平

漢堡王 黃耀忠　環保署前副署長 葉欣誠

永悅健康 陳俊嘉　麗嬰房 張育韶　精誠資訊 班鐵翊

小鎮文創 何培鈞　泰國外商總會 康樹德

旺德科技 蕭漢平　亞洲髮型師協會 Benny

台北市議員 羅智強　維康醫療集團 賴調元

久洪 陳立久　邑昇實業 簡榮坤

斐瑟髮藝 鄧泰華　薰衣草森林 林庭妃

一起 更美好 #TOGETHERGREENER

序文

生命有限，我們可以留下些什麼？

文／歐萊德董事長暨創辦人 葛望平

「生命有限，我們可以留下些什麼？」

歐萊德決定走向綠色之路，每天我都自問著。

我們原以熱情（Passion）、時尚（Fashion）做為品牌定位，發展四年後決定轉型，向綠色永續邁進。當時我身心都出了狀況，深切省思後，重新以改善健康為轉型出發點，一心想著「如何做出綠色友善的洗髮精？」

「綠色」是什麼？該怎麼做？萬一不成功，該怎麼辦？……這些由員工及股東發出的疑問，每一個問號都指向綠色轉型，顯然這個決定，連公司與自家人都不看好。

然而，在一片不看好的聲浪中，我們竟出乎意料的成功了。

我們不但製造出綠色友善的洗髮精，更為此獨家研發出「8free」綠色創新做法，讓許多歐美同業品牌大感驚豔並進而採用。這讓當年規模還不大的我們受寵若驚，當時一心只是想製造出對健康有益的產品，沒想到這份初心與堅持，竟能發揮這麼大的影響力，甚至帶動歐美重新定義綠色美妝產品的標準。

以前，我們做品牌的心態是異中求同，不敢做自己；但歐美品牌對我們的認同，帶來很大的信心。除了證明走向綠色永續是一條對的路，更讓我們意識到，綠色轉型後的歐萊德，不僅擁有同中求異的品牌力和影響力，更能一躍成為有能力承擔起社會責任的企業。

就這樣，以8free為起點，我們一步步顛覆髮妝產業遊戲規則、讓農產品和農業廢棄物變成黃金、打造綠色供應鏈帶動循環經濟、盤查碳足跡逐步邁向零碳目標，更以逆勢獲利打破「環保是企業發展絆腳石」的魔咒。

在朝向綠色永續邁進的過程中，我們深刻感受到，山、水與樹，比人類更重要，現代人要準備好諾亞方舟，因為我們這一代，除了是目睹氣候變遷的一代，也是唯一有機會拯救地球的一代。

本書披露歐萊德一路走來，如何在資源極少的情況下成功綠色轉型，並且以「不只對人類好，更要對社會好、對地球好」的理念，成為一家從坐冷板凳到獲獎無數，屢登APEC、聯合國舞台的中小企業，讓世人看見MIT品牌的全球影響力。

同時，本書也是一張綠色入場券，邀請您與我共同探索：「生命有限，我們可以留下些什麼？」行筆至此，我不禁想起二〇二〇年，全人類歷經百年來一場最「寂靜的春天」——新冠肺炎疫情的蔓延，終究迫使人類緩下來，正視個人作為與大自然之間不斷失衡的生態關係。《寂靜的春天》是啟發全球環境保護運動的革命性著作，這本早在一九六二年出版的書，預言般的驗證此刻全世界人類面對的艱巨挑戰。

此時，無論個人或企業，都需要大家齊心發揮綠色影響力，讓氣候變遷的噩夢與浩劫，不再蔓延到下一代，而這也是環境、社會與治理（Environmental, Social, and Governance，簡稱ESG）原則受到全球企業重視的主因。

雖然我們生命有限，但卻可以創造出無限的永續價值。

楔子

即使微小，也能成為第一

二〇一九年十一月四日，巴黎的秋意深濃，夜涼如水。香榭麗舍大道萬豪酒店（Paris Marriott Champs Elysées）裡，國際美妝產業一年一度的綠色盛事「永續美妝峰會」（Sustainable Cosmetics Summit）正進入最後高潮，來自全球各國的兩百多位美妝產業代表齊聚，等待著永續美妝大獎（Sustainable Beauty Awards）五大類獎項揭曉。

五類獎項中的「包裝」（Sustainable Packaging）、「成分」（Sustainable Ingredient）、「新產品」（New Sustainable Product）、「先鋒」（Sustainability Pioneer）類得主已一一公布，多家歐美品牌的代表輪番上台領獎，訴說自家品牌對綠色美妝產品的投入，並強調要繼續為環境永續貢獻力量。

角落裡的小企業　得到最大獎

由舞台向下望，來自歐洲、美國、日本等地美妝知名企業的代表坐在前排，其中更不乏歷史悠久、市占率高的大品牌；若把鏡頭拉遠，則可看到來自台灣的綠色髮妝品牌歐萊德（O'right）創辦人暨董事長葛望平，坐在後排角落座位。

他看看手上的錶，手心微汗。

頒獎典禮已到尾聲。

只剩下一個獎還沒有公布得主。那是最大獎「永續領導獎」（Sustainability Leadership）。

葛望平抬頭望向飯店大廳水晶吊燈，華光璀璨。

再環顧四周各國美妝品牌的強敵，英文、法文、德文等不同的語言環繞在身邊，很多人在拍照、在恭喜、在道賀……葛望平心裡微微忐忑起來，入圍的幾個獎項都沒拿獎，難道今年真要空手回家？

另一方面，不服輸的自信，在他心裡響起了一個聲音：「各項永續指標，歐萊德都達到了，Sustainability Leadership這個年度大獎，應該是我們的吧？」

隨著緊張的氣氛愈來愈濃，一旁的同事，正打算開口安慰葛望平，到場為歐萊德加油的台灣駐法代表處官員，也溫暖的拍拍他的肩膀。這時，台上司儀的聲音驟然揚起：「年度永續領導獎，今年的得主是——

O'right！」一片驚訝聲中，司儀進一步宣布：「這次的得主，是全體評審毫無異議一致通過的！」

接著，在全場綿延不斷的掌聲中，前排的大企業代表們紛紛回頭四顧：「Where is O'right?」

就在此時，大會的聚光燈，引領著眾人的目光，掃向後排。

一束強光，照亮了葛望平的亞洲人臉孔。他緩緩起身，深吸一口氣，調整了一下頸間紅、藍、白三色的蝴蝶領結，強忍激動的心情，抬頭挺胸，微笑著，一步步走上前台。

這段紅毯的路雖短，卻是歐萊德走過數千個黎明黃昏的綠色品牌之路，一步一腳印所換來的。

相較於歐美日等大型美妝集團，座位在後排角落的歐萊德，只是一家生產髮膚潔淨保養產品的台灣中小企業，投入美妝產業還不到二十年，員工不過兩三百人，卻拿下年度最高榮譽「永續領導獎」，代表著在「永續產品」、「永續先鋒」、「永續領導」三大領域，都獲得評審全方位肯定。

永續美妝大獎堪稱是全世界化妝品產業的綠色奧斯卡大獎，每年上百企業競逐，為的是在企業品牌形象中，灌注環保永續的心意和責任，並許下美妝業界的綠色承諾。

站上領獎台，葛望平再一次握拳，在心裡吶喊：「我們走了一條對的路。」

「為什麼是歐萊德？」

「他們怎麼辦到的？」

全球美妝業界注視葛望平迎過獎盃的目光，既有嫉妒，也有羨慕。

這家原本以代理國外髮妝用品起家的小企業，因創辦人葛望平的理念，二〇〇六年全面展開品牌再造，改以「綠色、永續、創新」為品牌核心，從生產第一瓶綠色洗髮精開始，始終堅守「自然、純淨、環保」的產品理念，歷經十五年的改革與堅持，終於創造出迥異於傳統美妝產業的品牌價值。

如果說，台灣經濟以中小企業為主，那麼中小企業升級的關鍵，就在於打造獨特的品牌，在國際展現台灣實力。

即使微小，也能成為第一。

「綠色」是永遠的品牌信仰

從台灣到美國，從美國到歐洲，自二〇〇六年轉型綠色永續至今，歐萊德跨過一個又一個難關，交出一張張綠色成績單。

十五年來，歐萊德所有產品的生產、運輸、使用、回收，到企業文化、客戶服務和環境教育，每一個環節都堅守「綠色、永續、創新」的品牌價值主張。

從二〇〇七年第一瓶8free（不含八種危害健康的高風險化學物質）洗髮精，到二〇二〇年上市的源木牙膏，歐萊德的一百多項產品都秉持自然、純淨、環保，以最自然的成分，讓美髮沙龍工作者不再為洗髮精的化學成分傷害雙手而發愁，也讓消費者不必擔心牙膏可能含有的高危險化學物質，會為家人帶來健康陰影。

再從歐萊德的企業策略地圖來看，從一開始先推動產品成分不含有健康風險的化學物質、接著採用綠色包裝瓶器，一直到建立綠色工廠、與合作供應商組成綠色供應鏈、盤查碳足跡建立數據，最後以數據管理達成全產品和全企業的碳中和，一連串的企業策略清楚明確，逐步實現各階段目標。

「不只對人類好，更要對環境好，對地球好。」始終是歐萊德的信仰。

於內，從董事長到產品研發工程師，再到產線作業員。

往外，則從跑遍全台沙龍的業務人員，到全球不同膚色種族的代理商，都懷抱著綠色使命，深知即使只是看似平凡的一瓶洗髮精與包裝紙盒，都有著對地球環境的責任。

在打造綠色品牌的同時，歐萊德更建立了環保永續和企業發展相輔相成的獨特模式。不僅綠色產品行銷到全球四十二個國家，員工年年加薪百分之三到五，公司業績穩定成長，營業額在二〇二〇年突破五點五億元，整體盈餘超過八千萬元，在新冠肺炎（COVID-19）的影響下，還逆勢比前一年成長百分之三十。

誰還能說「環保是企業發展的絆腳石」？

歐萊德的成果，引發台灣產官學界和聯合國等國際組織的高度關注，爭相邀約分享經驗。

歐萊德董事長葛望平相信，只要懷抱熱情，繼續在綠色的路上前進，
一定可以為世界帶來更多改變。

大家都想知道：一家台灣中小企業，如何讓綠色品牌從零到有？又如何在善盡企業社會責任之際，同步創造營收與商機？

二〇一一年，歐萊德第一次的國際舞台在亞太經濟合作會議（Asia-Pacific Economic Cooperation，以下簡稱APEC）。當年主辦國是美國，當時的經濟部中小企業處處長賴杉桂，出任APEC中小企業工作小組會議主席，他在會前先赴美國商務部，敲定二〇一一年的會議主軸是「綠色」，其中一項重要議題是「制訂綠色中小企業的成長政策」。

代表台灣綠色中小企業　站上APEC國際舞台

美國商務部告訴賴杉桂，APEC不應只有公部門代表報告，更應創造商機，讓中小企業實際參與並分享經驗。不久後，中小企業處挑出三家台灣中小企業參加APEC，其中一家正是歐萊德。

「因為歐萊德當時已經取得碳足跡標籤和達成碳中和，這在國際上很少見，我們絕對拿得出去，」賴杉桂說，「更重要的是，這個企業領導者對綠色品牌的信仰、堅持和熱情，非常了不起。」

第一次參加這樣的大型國際會議，葛望平很期待，但他自認英文不好，決定少說話，改由影像代言，他帶著五位員工關在小房間日夜趕工，花了五天做出一部六分鐘動畫短片「中小企業，綠色希望」。

動畫裡，歐萊德團隊用充滿童趣的簡單筆觸，娓娓訴說如何經由「取得綠色認證」、「製造綠色產品」、「落實企業社會責任」和「綠色服務創新」四個面向，以及「生物循環」與「工業循環」兩大循環經濟系統，來進行歐萊德的全面綠色改造。

精簡樸素的影片，清楚闡述中小企業即使沒有財力、物力和人力，但只要品牌的目標明確，用對策略，做小事也能改變大環境，葛望平最後並以「Green hair care, Everything is all right.」總結，用綠色宣告願景。

影片在APEC分組會議播放時，一百八十度翻轉了會場原本沉悶的氣氛，當影片結束，台下的各國官員、企業領袖不斷傳出「Amazing」、「Wonderful」的讚嘆聲。

更有美國學者舉手發問：「綠色改造，是政府要求你們做的嗎？」葛望平挺直肩膀，眼裡閃著自信的光：「當然不是，綠色永續是我們自己決定的路，會一直走下去！」

當天晚宴還有外國官員豎起大拇指問賴杉桂：「你們都是這樣發展中小企業的嗎？」賴杉桂驕傲的回答：「我們不發展中小企業，我們只協助中小企業發展，是他們自己很爭氣！」

這場演講也贏得外國廠商的敬意，一家美國上市公司的副總裁參加同一場講座，結束後他特別告訴葛望平：「歐萊德簡報中的氣泡袋圖片，是我們所生產的氣泡袋。」

葛望平眼睛一亮，比手劃腳的建議：「這個氣泡袋我研究很久了，你們只要做得再薄一點，就可以大量減少碳足跡。」他更鼓勵這位美國企業家「現在的技術一定做得到」，對方很開心的答應：「No problem, We'll

掃描QR Code，
觀看2011年APEC演講動畫短片「中小企業，綠色希望」
https://www.youtube.com/watch?v=s89dKu2XxB4

try!」

回台後不久，葛望平幾乎忘了這件事。沒想到半年後，這家美國大廠的亞洲總代表，拿著全新設計的薄型氣泡袋來拜訪。

他雙手奉上氣泡袋，告訴葛望平：「我們採納了您的建議，這是最新研發生產的氣泡袋，美國總公司特別要我送來，要讓歐萊德成為全世界第一個使用的客戶。」

葛望平非常驚訝，因為這家希悅爾（Sealed Air）公司是那斯達克（NASDAQ）上市公司，歐萊德不過是他們千千萬萬客戶中非常小的一家。對方竟採用了來自台灣小企業的建議，全面調整產線，供應較薄的氣泡袋給全世界，成就了影響無限大的大事。

他更因此堅信自己做對了。只要懷抱熱情，繼續在綠色的路上前進，發揮品牌的力量，一定可以為世界帶來更多改變。

跳脫傳統中小企業思維　創造新典範

歐萊德的企業規模，只有兩、三百人，發展也還不到二十年。它傾注全力，不僅取得了碳足跡標籤，也實現了碳中和的理想，步履比許多大企業還要快、還要穩，以行動證明，做一個好企業，比做一個大企業重要。

歐萊德的市場策略，不論是B2B或B2C，整個團隊充滿彈性，從生活中靈活思考，不斷研發創新，讓產品在訴說綠色價值，對地球友善的同時，更為使用者展現健康效益。

成功的品牌之路，必定緊貼著客戶需求前進。

甚至，必須超越現有的想像。

就在二〇二〇年十月，從日本傳來令人振奮的消息。

歐萊德「用製作食品的態度」所研發的「源木牙膏」，入選全球四大設計獎之一的日本優良設計獎（Good Design Award）最佳百大設計（Good Design Best 100），緊接著又抱走年度設計金獎，即經濟產業大臣獎（Good Design Gold Award），榮登特別獎的得主。

這支牙膏，訴求排除了牙膏原料中常見的六大高風險物質，成為顛覆百年傳統配方的革命性產品。

回顧研發初期，歐萊德的業務人員還曾當面問葛望平：「我們真的要去髮廊賣牙膏嗎？」

令人不禁想問：這個改變牙膏百年配方、掀起觀念革命的公司，為什麼是來自一個以髮妝產品為主的品牌？

當人類不能再漠視環境問題之際，綠色永續，成為企業發展的基本生存力。

葛望平用跳脫傳統中小企業的思維做品牌，為台灣寫下了一個打破限制和想像的品牌傳奇。

第一部

打破想像

第一章
踏上品牌改造之路

二〇一五年六月二十七日，八仙樂園發生塵爆事件，四十秒左右的火災，造成十五人死亡、四百多人燒燙傷的慘劇。

事件發生後不到一週，一箱箱瓶身貼著綠色絲帶的洗髮精與沐浴乳，被悄悄的送到全國各大醫院，提供遭受塵爆之苦的傷患免費索取使用。

這些洗沐產品，不具刺激性，特別適用於燒燙傷後需要特別護理的皮膚，是來自歐萊德董事長葛望平的心意。

葛望平的外甥女，在八仙樂園打工，事發時就站在爆炸的舞台區周圍，重度燒傷。他深夜接到妹妹哭著打來的電話：「找到女兒了，人在加護病房，命危……」

第二天一早，他趕去醫院，外甥女全身百分之五十一的面積，遭到二至三度灼傷，生命跡象雖已暫時穩定，但接下來要迎戰漫長的治療和復健過程。醫生告訴他們，最好能夠使用沒有刺激性的身體清潔用品。葛望平當場承諾妹妹，一定全力提供。

妹妹緊握著他的手，一邊告訴哥哥：「要幫就幫大家，不要只有我們家有，要讓每一個受傷的孩子都能用。」

他立刻奔回公司，召集相關部門員工，找出歐萊德原本就針對兒童所研發的「蒲公英」系列產品配方，並請來醫師與研發部門一起討論如何調整，讓原本就已溫和的配方再升級，很快做出了成分更單純、對皮膚更不具刺激性的洗沐品。

歐萊德於是全線停工，不接任何訂單，同時全員加班趕工，三天內生產出升級版的蒲公英洗沐品。數十位業務員也全部趕回總公司，當起送貨員，把一箱箱升級版「蒲公英」洗沐品送到各大醫院，為八仙塵爆的傷患盡一份心力。

這些洗沐品的瓶身全貼著綠色絲帶，還取了一個名字——「守護」。

這一年，也是歐萊德守護人類和地球健康，邁入綠色改造的第十年。

這時候的歐萊德，已擁有一幢自地自建，開放海內外人士參訪的綠建築總部，全台有七千多家專業美髮沙龍長期使用歐萊德的產品，並且在遍及歐、美、亞、大洋洲三十一個國家的大城市裡，許多專業美髮沙龍也都能夠見到歐萊德綠色髮妝品的蹤影。

身為歐萊德創辦人之一的葛望平，除了帶領公司獲獎無數，如世界三大發明獎：瑞士日內瓦國際發明展（The International Exhibition of Inventions of Geneva）金牌獎、德國紐倫堡發明展（iENA Nuremberg

Inventors' Fair）金牌、美國匹茲堡國際發明展（Invention & New Product Exposition, INPEX）金牌、第二屆國家智榮獎的「卓越獎」、世界三大設計獎：日本優良設計獎、德國iF設計獎（iF Design Award）、德國紅點設計大獎（Red Dot Design Award），更在二〇一一年站上APEC的演講台，以綠色中小企業代表的身分，與台下各國官員和企業領袖分享綠色改造的成果，獲得滿堂喝采。

榮獲經濟部中小企業處的邀請，代表台灣在國際舞台發聲，是歐萊德的第一次。這不僅肯定了歐萊德從零到轉型成功的努力，對於一家小企業來說更是至高的榮耀。那一天，葛望平在掌聲之中走下演講台，有那麼幾秒鐘，他將目光上仰，心裡對著雙親說：「爸爸，你要我報效國家和社會，我做到了！」

大喜與大悲共生　讓命運轉彎

時間回到二〇〇二年，葛望平生命中，大喜與大悲相互撞擊的一年。

葛望平邀集三位合夥人，刻意選在當年三月八日婦女節正式成立的「歐萊德」，最初並不是以綠色永續為經營理念。

三十五歲的他，憑著過去在美妝產業十多年，從基層小業務員到經銷商的歷練與人脈，決心創業，希望能夠賺更多錢，擁有一個人人稱羨的富裕人生。股東都同意，以葛望平原本熟悉的代理進口妝髮品牌為營運模式，專業美髮沙龍為通路，訴求的產品特色是「時尚」，品牌的個性為

「熱情」。

他找另外三位股東一人出資一百萬元，再加上向銀行抵押借款，合計以五百萬元資金，成立「歐萊德國際有限公司」。

歐萊德的公司名稱，源自高爾夫球頂級賽事的「萊德盃」。原來是因當時與其他股東從事批發和經銷生意，彼此熱中高球，曾登記公司名稱「歐萊德」，在大家合資創業後，便決定借用已登記的歐萊德公司，改申請為國際有限公司，正式創業。

歐萊德的英文名稱O'right，也是商標。「O」特別設計成橘色實心圓，象徵熱情。基於過去的經驗，葛望平先選擇他比較熟悉的代理進口產品模式，一開始主要代理澳洲品牌妝髮用品FUDGE，還取了中文名稱「髮色橘子」。

另外為了增加商品的多元化，歐萊德同時在高雄租用廠房，自製自產少量的洗髮產品，品牌名稱也用「髮色橘子」。

新公司設在中和，辦公室的桌椅都是別人不要的二手家具，牆壁、地板靠葛望平刷油漆、鋪地毯，員工只有祕書一人，負責會計報關等雜事，代理經銷則找親朋好友幫忙，一切從零開始。

自己當老闆，眼前的世界無限寬廣。換了位置，思維也不同了。葛望平察覺自己的心境產生了微妙的變化。他意識到自己除了是股東，也是經營者、領導者、管理者，同時還是捲起袖子做事的員工。

往前的路，只有全力以赴。自己的命運，真正掌握在自己的手裡。這是人生莫大的喜悅。

四月二日，公司成立還不到一個月。葛望平的父親病逝。他被迫面對人生中第一次重大的打擊。

再過半年，母親也走了。

父母沒看到葛望平創業的成果，連他的辦公室都未踏進一步。原來，父親已洗腎四年，母親罹癌兩年，新公司成立時，兩位老人家認為生病「帶晦」，堅持不肯到新公司參觀，直說等身體好一點再說。

這成為葛望平一輩子的遺憾。

在幽暗的谷底　找到值得努力的目標

接連失去雙親的悲傷和失落，如潮水般襲來，眼淚彷彿永遠流不完。他甚至賣了老家的房子，害怕睹物思人，心裡的傷口更難癒合。那段日子，生命有如淒寒幽谷，公司才剛草創，賺不了什麼錢，葛望平很忙很累，一天幾乎只睡一兩小時，整個人陷在谷底。

不知不覺中，葛望平罹患了重度憂鬱症。

心底的陰霾還未散去，身體健康出了問題。很長一段時間，辦公室裡的同仁只要聽到咳嗽聲，就知道葛望平出現了，他的劇烈咳嗽總是治不好。一次詳細檢查後才知道，原來他是過敏體質，環境中太多有害物質，誘發他嚴重氣喘和咳嗽。

這段身心都出狀況的日子，直到某一天，進了台大醫院看診，來自醫生的幾句提醒，好似一雙手為他撥開了烏雲，照亮了心底的幽暗。「試著去找一個值得努力的目標，全力投入。如此能夠帶動身心，積極正向發展。」

他細細思索，什麼是「值得努力的目標」？

好幾個失眠的夜裡，他獨坐燈下，想念父母，想起他們臨終前生病的樣子，又想起自己的過敏和氣喘，幽暗的屋子裡，還會一遍遍聽到自己不停的咳嗽聲……

葛望平逐漸領悟，他的憂鬱、他和父母的病痛，都是「健康」出了問題。

「何不從改善健康著手？」眼前彷彿展開了一條路。

他先研究自己的過敏體質問題，結果發現過敏和環境汙染密切相關，空氣中的環境荷爾蒙、室內裝潢的甲醛，日用品中含有的防腐劑、重金屬等，太多太多化學物質都會誘發過敏，傷害他的健康，而母親罹患肺癌，也和環境空氣汙染有密切關係。

回過頭檢視自身，熟悉的領域是髮妝產品。這兩件事要結合在一起，唯一的答案，就是由自己做起，生產無危害健康風險的洗髮精。

決定的同時，父親生前的交代，又在耳際迴響。

創業時，葛望平出資的一百萬元，其實是父親的「棺材本」。父親在過世前不久，拿出自己辛苦存下的錢給葛望平，特別交代：「以後賺錢了，如果沒有機會孝順父母，就把這份孝心報效給國家和社會。」

於是，懷著這份絕不辜負父親的使命感，二〇〇六年下半年，當時擔任總經理的葛望平，向全公司宣示，歐萊德要走綠色永續的路。

葛望平所宣示的綠色改造，是一個美麗的未來：「我們清楚客戶需要的是什麼樣的洗髮精。可是，我們的河流又期待一個什麼樣的洗髮精？」

然而，細數歐萊德當時的條件，要做綠色永續，從相關論述和專業、技術、原料、人才……等各方面資源，歐萊德幾乎什麼都沒有，是一個完完全全的門外漢。

不要說是股東和員工了，連一般人聽了都會脫口而出：「怎麼可能？」因此，擋在品牌改造工程面前的，就是排山倒海的難題。

困難重重　仍決心再拚一把

第一關，是股東不支持綠色品牌，甚至質疑只是畫大餅。

葛望平無奈之下，一度另覓投資股東，但商談多時後，新股東卻批評歐萊德的員工只是三流人才，還企圖帶著自己的團隊進駐，逼得葛望平最後拒絕對方加入，咬牙發誓「做給你們看」。

另一個沉重的擔子，是簡陋的工廠產線。

在綠色改造之前，歐萊德產線已缺人缺設備，雖然二〇〇六年工廠已從高雄遷到桃園平鎮，但受到經營團隊紛擾影響，抽腿走人的股東又帶走了整個研發生產團隊。

歐萊德副總經理蔡倉吉，當時是內料調配工程師，他負責接手前任股東留下的生產線，偌大的廠房裡，只有他一個人負責產品內容調配，其他員工都只做簡單的填充工作。

「每天的產量只有五百公斤，品質也不穩定，又沒有SOP，更沒有品管部門，每天就是我一個人，我說可以出貨就出貨……」十多年後憶起往事，蔡倉吉依然難忘那空蕩蕩的廠區。

尤其啟動綠色改造之後，工廠的生產線上更苦更累，蔡倉吉帶著產線的作業員先幫所有瓶器換標籤，但因為設備不夠，大家天天徒手又撕又貼，一換就是一個多月，這些蔡倉吉口中尊稱為「阿姨」的作業員天天嘆氣問他：「到底還有多少瓶子？」

紛擾之中，葛望平不得不親自接任總經理，但另一位原始股東同時退股離開，一下子帶走數百萬元資金，財務危機迎面襲來。

一天下午，葛望平正為了品牌改造焦頭爛額，公司財務長神色凝重進了總經理辦公室，一開口又是壞消息：「下個月的薪水，恐怕發不出來⋯」

葛望平再一次跌到谷底，總經理的責任壓在肩上，眼前的爛攤子一堆，他看了看財務報表，忍不住長嘆。

創造新的價值觀，
讓企業得以持續競爭。

葛。雨露。。

一個念頭突然閃過：「股東不和、財務又出現問題，要不，乾脆收了吧？」

但是，桌上另一份品牌改造的企畫書映入眼簾，再看看窗外的綠樹被微風吹拂輕搖，他慢慢靜下心來，綠色永續的品牌夢想再度湧上心間，父親的交代彷彿又在耳邊響起。

思考了幾分鐘，葛望平一咬牙，決心再拚一把。

「就像是自己的孩子，你生下來就有責任，再苦再難，也要把他養大。」

接下來的日子，葛望平開始積極求援，先向政府申請中小企業信保基金等外部補助和輔導，也向銀行貸款，同時開放大約百分之十的股份，讓部分員工入股。

更大的活水，來自手足相挺。

葛望平的姐姐葛麗英，是大型出版集團的高層主管，一天晚上葛望平打電話給她，躊躇許久，終於開口說歐萊德財務出了困難，需要資金。

電話中，他愈說聲音愈低，最後小聲問姐姐：「公司有百分之二十的股份要補起來，妳能不能借我錢？」

葛麗英告訴弟弟：「爸媽生前交代過，手足之間不能借貸。」

手足相挺　綠色夢想不放手

兩人雖然沒有面對面，但是這兩句話讓氣氛瞬間凝結，就在葛望平想著：「我失去了最後一線希望。」之際，葛麗英馬上又提到，爸媽也說過，手足可以在能力範圍內「救急」，而救急幫忙之後，不能把錢要回來。她接著反問葛望平：「我不借你錢，但我可以考慮投資歐萊德。你的公司治理計畫是什麼？」

葛望平精神一振，侃侃談起綠色品牌改造計畫，說明綠色市場的未來潛力，他要在綠色工廠生產綠色產品、與學術單位合作研發、完成綠色供應鏈，還有未來的行銷策略、市場定位、顧客服務等等。

他的每一句話，都是歐萊德未來發展品牌要走的路。

葛麗英聽完後，沒有潑冷水，反而感到驚喜，她告訴這個從小看長大的弟弟：「公司雖然還沒賺錢，但一個新接任的總經理不是只顧守成，而是敢提出全新投資概念，歸零思考，重新架構品牌，我佩服你。」

葛麗英當下承諾不借錢只投資，她說：「我不因為你是我弟弟而投資，我是因為認同你的計畫而投資；而且我認識你一生，你這個總經理人選ＯＫ，就算失敗了，我也願賭服輸。」

姐姐投資、員工入股，讓歐萊德穩住了財務結構，葛望平接著說服原本的歐萊德代理商成為直營業務部隊，把各自手上的客戶交回給公司。代理商的利潤很高，但為了解決公司的營運危機，在「公司利益大於個人利益」的目標下，多數人都同意了。

財務和營運重整，全新的品牌之路終於踏上起點。

雖然設備不足，也缺乏專業人才，但這是一條不能回頭的路，葛望平必須全力一搏。

歐萊德董事 葛麗英：
他從小就懂得打造團隊策略

一路看著弟弟創業，投入綠色企業，打造品牌，不斷得獎，在葛麗英心中，葛望平始終是她最驕傲的弟弟。

她印象中的葛望平，從小懂事而且體貼父母，雖是家裡唯一的男孩，但他從不曾被寵溺，反而一肩挑起長子的擔子，照顧兩個妹妹，會煮飯洗衣做家事，還跟著父母做小生意、打工，賺到的每一分錢，一定小心翼翼交給媽媽。

小時候因為家境不好，葛家的四個孩子跟著爸爸媽媽一起做家庭代工，但他們從來不把這些當成吃苦。葛麗英後來更帶著弟弟和大妹，直接到外銷工廠去組裝洋娃娃，三姐弟依強項分工，一個專門為娃娃穿衣、另一個幫娃娃梳頭髮，第三個人再幫娃娃綁出漂亮的蝴蝶結。

她說，那時的「葛家團隊」，已懂得運用最簡單基本的產線管理，速度快、品質好，在代工廠商間做出了好口碑。如今事隔三四十年，每次和葛望平談起往事總是懷念不已，姐弟倆還會比手劃腳邊笑邊回想當年那些娃娃的樣子，更明白原來他們從小就學會：「只要用對策略，一加一加一，一定會大於三。」

葛望平的感性和熱情，也常帶給葛麗英意外的驚喜。她最難忘，二〇一二年十二月在她生日前夕，葛望平突然打電話來：「要送妳一個特別的生日禮物。」原來，他獲得青創總會的創業楷模獎，頒獎日正是她的生日，他始終銘記著姐姐在精神和財務上的支持，要把這個獎獻給她。

頒獎當天，葛麗英在台下觀禮，幾度哭紅雙眼。她說：「這是一生中最棒的生日禮物！我感謝父母，給了我一個了不起的弟弟！」

第二章
帶著問號出發

歐萊德啟動改造工程，對葛望平來說，從代理改成生產，並不是最難的，最大的挑戰和轉變是「做綠色品牌」這件事。

為了轉型和升級，他加入台灣精品品牌協會（Taiwan Excellent Brand Association，以下簡稱TEBA）上課。

TEBA帶領他真正走進品牌的世界，他發現，原來品牌不只是表面的形象，而應是價值主張的表徵。

歐萊德的價值主張已經很清楚：綠色、永續、創新。

但在確定目標之後，該怎麼做，整個團隊面對的卻是一片迷霧。

多數企業的經營脈絡，大部分是耕耘某個領域有了成果，才開始發展品牌，宣示全力投入該領域，但歐萊德的品牌改造，完全反其道而行。

「我們是先宣示要做綠色，然後才開始摸索。」葛望平和歐萊德團隊，其實都沒有做綠色的經驗，也沒有人畢業於環保相關科系，全公司上下只有一肚子的問號，「到底綠色該怎麼做？」

而且十多年前的台灣，環保觀念才剛起步，別說綠色品牌，連百分之百的綠色產品都罕見，歐萊德連模仿學習的對象都沒有。

「我們沒有老師，」葛望平說。但是，歐萊德願意冒這個險。

先宣示綠色　然後才摸索

員工先展開全面學習，全員埋頭苦學，從最基本的認識化學成分、有害物質，到專業的環保知識、各國綠色規範、國際產業趨勢、綠色商機和品牌策略等。

葛望平積極尋求外部資源，向民間和政府部門申請各種輔導計畫，讓專家學者來當歐萊德的老師。當時許多單位開辦綠色產業輔導課程，他總是要求歐萊德所有主管都要去上課，「哪裡有課，你們就往哪裡去」。

他更向員工喊出一句話：「上課比上班重要」，因為唯有學習，才能帶動企業的創新與發展。

例如那時外貿協會正好開辦「台灣品牌學院」，歐萊德設計、品牌和業務部門全去上課，員工之間常笑稱：「同事最常碰面的地方不是公司，而是教室。」

當然，一家企業的經營方向大轉彎時，要重整員工團隊並不容易，葛望平面臨的是艱巨的考驗。

不少員工對綠色品牌滿頭霧水，也有反彈聲音：「現在的生意賺得好好的，為什麼要改？」更多的質疑是：「會成功嗎？萬一失敗怎麼辦？」

不同部門間也常有爭執，有人支持綠色，有人滿腹懷疑。再加上葛望平對品管的要求極嚴，也難免引起員工抱怨。

負責台灣通路事業群的資深協理丁美英，當時擔任企劃一職，她曾當面對著葛望平說，歐萊德沒錢，消費者也不懂綠色，「這樣真的好嗎？」她心中很茫然，也曾和不同意見的主管吵架。

但是葛望平對未來綠色市場的分析說服了她，丁美英說：「我願意相信一個目標清楚的老闆。」她更逐漸明白，企業若要永續發展，求新求變是一定要走的路。

她和多數員工開始調整心態，全力配合改造工程。例如身為企劃的她，雖沒有行銷預算向消費者廣告，但不妨先從宣傳綠色產品的新內容、新定位做起。

葛望平也鍥而不捨與員工溝通，更以身作則展示堅決的信念和執行力，最後更透過重整公司組織，逐步把生產、研發、品保、行銷、業務的制度建立起來，讓不同專業的員工各自發揮專長，讓「反對綠色」的聲音，一點一點淡去。

綠色臂章　撐起團結一心的革命情感

做為領導者，葛望平還有另一個更重要的課題：他必須展現強烈的決心，帶動員工一起建立共識，才能同步前進。

他製作了一百多個綠色臂章，從董事長到作業員，每人一個，每天戴在手臂，展現眾志成城的信念。他還告訴員工，品牌是全員的事，每一個人都和品牌有關，大家都在同一條船上。

整整兩年，從外部打拚的業務員，到內部研發的工程師，無論暑熱冬寒，人人衣袖上都會繫著這枚綠臂章，臂章上的「O'right」字樣有如一個個笑臉，緊緊撐住每個人同舟共濟的團結和決心，更建立起革命情感。

一種全新且微妙的氛圍，悄悄在公司蔓延。

有一次，玻璃瓶裝產品出貨後，瓶內竟出現懸浮物，遭客戶大舉退貨，品管部門研究後發現，問題出在玻璃瓶放久了會釋鹼，形成雪花狀的懸浮物質，但問題是公司當時已進了十萬支玻璃瓶……

為了確保產品品質，所有員工二話不說，全部出動，捲起袖子輪流去洗瓶。接下來十多天，產區裡只見董事長、副總、協理等主管到工程師、總機、產線作業員等基層員工，每一個人圍著臉盆、拿著小刷子，一個一個刷洗玻璃瓶，但沒有任何人有怨言，大家想的，都是要趕快幫公司度過難關。

多年後，葛望平依然難忘那一幕幕洗瓶畫面，每當工作困頓疲倦時，總忍不住想起那枚被他戴到泛白的綠色臂章……

然後，他彷彿又會聽見刷刷的洗瓶聲，眼前會閃過那一整排繫在員工手上的綠色臂章，圍成一個大圈，燃燒著綠色的決心。

有了團結的隊伍，葛望平同步帶著員工訂定目標，重要幹部每週一開會，提出各種創新計畫，包括產品內容、研發、行銷等等方面的改變。

歐萊德團隊中，有不少人和葛望平一樣敢衝敢試。

蔡倉吉正是其中之一。

既然要做綠色產品，葛望平第一個念頭是：有哪些化學成分可以不要加在洗髮精裡？蔡倉吉拿出早已備妥的資料回答：「8free，有機會做得到。」

他原本從事紡織業，進了歐萊德才開始摸索髮妝產品的內容，對綠色也一竅不通，但他相信葛望平改造品牌的願景，於是埋頭研究洗髮產品的配方和成分，並評估部分化學添加物的必要性。

於是，最先提出的產品翻新內容，第一個設定的目標就是「8free」。

顛覆產業遊戲規則的8free

在傳統髮膚潔淨品的生產過程中，各家廠商開發各種新成分，行銷策略也強調一些極具功效的成分，消費者多半認為成分愈多，代表著愈高級、愈有效。

但多數品牌不會主動強調產品中的化學成分。葛望平認為，既然要做綠色品牌，就要拒絕不利人體健康和環境的化學成分。

這是一個大膽而且顛覆的觀念。

但葛望平沒在怕，愈沒人做過的事，他愈想嘗試：「當別人都在說『含有』什麼的時候，我們不如來說『沒有』！」

所謂「8free」，就是產品不含八種危害健康的高風險化學物質，分別是環境荷爾蒙（Environmental Hormones, NP）、對羥基苯甲酸酯類防腐劑（Parabens）、甲醛（Formaldehyde）、染色劑（Colourants）、塑化劑（Phthalates）、硫酸鹽類界面活性劑（Sulfate Surfactants）、DEA類增稠劑（Thickeners, Diethanolamine, DEA），以及環氧乙烷衍生物EO（Ethylene Oxide Derivatives）。

當時這八種成分或多或少會出現在日常生活用品中，但長久使用會造成人體健康的風險，蔡倉吉想試試，洗沐產品如果不用這些成分，是不是依然可以有效潔淨？

研發8free是一項極困難的任務，因為如果不用這八種成分，市面上可替代的原料非常少，研發部門必須先克服這個難關，做出新配方。

原料供應商知道了歐萊德的8free目標，認為不可思議，更有人直言：「你們瘋了嗎？不用這些化學成分，怎麼可能做得出來？」

當時，綠色在台灣還是一門新的學問，歐萊德沒有可以學習的企業界前輩。更困難的是，從台灣到國際，還沒有完整的綠色洗沐產品法規和內容標準，「我們就是沒有依據，一天一天瞎子摸象，」蔡倉吉多年後回憶

葛。雨露。。

傑出領導者用以實現願景的勇氣，並非來自地位，而是熱情。

起這段歷程，也坦言「我們真的很敢」。

然而，愈是瘋狂，愈是困難，葛望平和蔡倉吉就愈是熱血，鬥志愈是旺盛。

長達一、兩年，蔡倉吉帶著研發部門的幾個年輕員工，先是拚命上網搜尋全世界的相關研究和美妝品配方，同時不斷查閱書籍期刊，尋找不使用這八種化學添加物的可能方法。

接著還要不斷的打樣測試，用各種不同的配方，嘗試做出洗髮精。而一次又一次的試驗失敗，研發人員難免失望沮喪，但每失敗一次，大家還是會打起精神，改用其他配方再測試。

葛望平不向挫折低頭的堅韌精神，可說是異於常人。在葛望平尚未創業，還在當經銷商的時候，有一次他帶著產品拜訪台北市中心的一家髮廊，一遞上名片卻換來老闆的臭臉，接著對方當場撕碎名片，把他趕出店外，連他的手提箱也扔出去，箱裡的洗髮精流了滿地。

被拒絕的葛望平笑一笑，向老闆鞠個躬，有禮貌的走出店家，一身西裝筆挺蹲在門外，收拾滿地洗髮精。

下一週，挑了客人少的時段，葛望平再度上門。但這次他一句話也沒說，只默默陪著老闆頂著午後的大太陽，站在店門外一起向路人發面紙。

後來他又去陪著發了幾次面紙，老闆都沒說話，直到一個月後終於開口：「裡面坐吧！」

最後葛望平不但拿到了訂單，「臭臉老闆」更成了好朋友。

談起往事，葛望平總是笑笑告訴員工，說自己就是個「死纏爛打」的業務員，面對8free也一樣，「失敗從來不是句點，而是下一次的開始，就像我發名片不行，那就改陪店家發面紙，換個方式再試，總能成功。」

原料成本翻百倍　堅持不妥協

另一方面，推動8free工程的代價，是非常高的生產成本。例如洗髮精常用的起泡劑，要改用無健康疑慮、無環境風險的新配方，成本增加一、兩百倍，再加上歐萊德只是小廠，原料供貨商對於歐萊德提出的高規格要求常常很不耐煩，甚至敷衍以對。

有一次原料廠商送錯貨，結果洗髮精製成後根本不能用，整整銷毀了一公噸。蔡倉吉客訴廠商送錯原料，但對方不肯賠償，反而認為是歐萊德「小公司驗貨不周延。」

蔡倉吉很無奈，「小廠做綠色」的各種歧視和冷眼擋在面前，但他知道歐萊德只能前進沒有退路，身為研發工程師，只能不斷提升自己的專業實力，研發再研發，力求突破，讓品牌改造的大船順利往前行駛。

掌舵的葛望平也全力為團隊解決難關，廠房的生產線前，總見他來來回回的身影，了解每一個難題。

他常親自出馬和供貨廠商溝通，說服他們和歐萊德合作，提供更好品質的原料。

他總是告訴對方：「你做這些不是為了歐萊德，而是為了你自己，只要現在願意突破創新、提升品質，未來才會有更多更大的機會。」

至於成本太高的問題，葛望平不肯妥協。他心目中的方向很清楚：「石化原料成本雖然低，但其實省下的成本，只是轉嫁到地球的環境成本和人類的健康成本上，讓別人去承擔，歐萊德不做這種事。」

質清如水　設計師的雙手不再過敏

辛苦摸索多時，二〇〇七年底，第一支8free洗髮精「歐萊德綠茶洗髮精」初步研發成功。然而由於製作過程無法克服增稠的環節，質感如清水般稀薄，沒有黏稠感，與消費者對洗髮精的認知不同，讓行銷人員對這產品有些卻步。

蔡倉吉帶著成品和葛望平討論，想再進一步研發改良，要求「再給我

無懼重重難關，歐萊德挑戰研發顛覆產業的8free。

們一點時間」。葛望平沒說什麼，先帶著洗髮精回家親自測試，洗過後發現起泡和潔淨的效果都不輸給一般洗髮精，更重要的是用起來很安心。

葛望平很有信心，第二天，他興奮的告訴蔡倉吉：「先上市再說，不要怕，我想了一整夜，就用『質清如水』，當成行銷訴求。」

「質清如水」的洗髮精到了美髮沙龍店，引起了設計師的好奇。幾天之後，設計師們驚訝發現，歐萊德的產品和別家產品不一樣，用過之後，雙手不會再過敏紅腫發癢。

但缺乏黏稠感，還是讓設計師困擾，在為客人洗頭時，倒在手心的洗髮精因為太稀，往往兩三下就從指縫間流失，使用上不夠方便。

歐萊德又重新調整研究配方，反覆研發、測試、改良了幾個月之後，8free 產品終於正式研發成功。二〇〇八年歐萊德參加義大利波隆納美妝展（Cosmoprof Bologna），在這個引領全球美妝風向的展覽中，首度發表這支綠茶洗髮精。

葛望平說，這種堅持排除多種高風險物質的「8free」概念，那時在業界並不多見，當他在會場向外國廠商說明時，很多人驚訝的問他：「Really?」更多人豎起大拇指，送上一句：「Amazing!」

如今「8free」已經是全球天然保養品牌常採用的標準之一，部分外國品牌的美妝品會在產品製造時依循 8free 的標準，更做為行銷宣傳的重點。

第三章

先教設計師認識「綠色是什麼」

牌改造起跑後，歐萊德全部產品打掉重練，不但研發團隊任務艱鉅，對業務團隊更是一場硬仗。

歐萊德鎖定的主要產品通路，是美髮沙龍。一來，這是葛望平原已熟悉的通路戰場；其次，進入沙龍市場的門檻低，不需太高資本。葛望平還看重另一點：美髮沙龍設計師對消費者有很大的影響力。

他二十五歲就進入髮妝產業，走遍全台美髮沙龍，不只賣產品，更深入觀察沙龍的工作情境，還會留意設計師和消費者之間的互動。

他發現沙龍是小眾傳播的絕佳場域，品牌和理念傳達比較方便，設計師是關鍵角色，只要掌握住他們，就能幫歐萊德推廣，讓品牌的綠色理念擴散得更快更遠。

歐萊德把設計師定位為「綠色天使」，全力爭取他們成為伙伴，但因歐萊德產品比其他品牌貴上三成到數倍，一開始進軍沙龍的阻力並不小。

歐萊德先訂出策略，與其推銷產品，不如先教設計師「綠色是什麼」。丁美英後來負責市場開發，她不斷告訴業務團隊，引領設計師「洗頭兼洗心」，在洗頭髮的當下，同步改變觀念。

例如，以前消費者對洗髮精的要求就是「香」，卻不知濃郁的香氣多半來自定香劑，定香劑成分中常見的「鄰苯二甲酸二乙酯」（DEP）正是一種塑化劑。洗髮精的珠光或絲綢質感，則可能添加了色素或化學珍珠粉。

「我們先教設計師真正認識洗髮精，改變對洗髮精的認知，當洗心成功，後面的路才會好走，」丁美英說。

深夜客運上的董事長

面對新挑戰，葛望平親自帶頭，全台跑業務，要讓歐萊德在台灣的髮妝產品市場闖出一片天。

他和業務團隊四、五十人夜以繼日拚，總是緊抓著美髮沙龍早上開店前或晚上打烊後的時段，拜託沙龍老闆留一小時，讓他們給設計師上課。

常常，葛望平晚上從公司下班後不回家，而是奔赴沙龍，通常晚上他會先集中前往北部地區的沙龍，晚上九點左右開始上課，結束之後留下來陪沙龍店的老闆員工一起整理打掃，直到深夜才回家。

但回家梳洗換了衣服後，他不曾走向舒適的床鋪，而是推開家門，奔向客運車站。

為了省錢，葛望平總是搭半夜時段的民營客運車，凌晨三點上車，車窗外漆黑的夜色伴著他一路奔向南部，客運車上狹小侷促的座位，就是他的床。

幾個小時後，台南到了，或者高雄到了，南台灣的朝陽等著他，接下來又要連趕兩、三家髮廊，必須趁著髮廊上午十點開門前，向設計師介紹綠色永續的全新觀念。

推動業務的同時，歐萊德站上另一個戰略位置，運用差異化做出市場區隔。業務團隊積極向設計師灌輸新觀念，「在奢華和時尚之外，你可以有第三種新選擇——綠色環保」。

中小企業做品牌，產品差異化是致勝的關鍵之一，當時的髮妝產品市場，外國一線品牌總是強調時尚奢華，葛望平決定區隔開來，走出激烈的紅海戰場，另外打造綠色永續的新藍海。

三十年前的藍海策略

他常談起自己年輕時的一段經驗。那時高中剛畢業，還沒入伍，他在一家知名的男用內衣褲廠商做業務，當別的業務員鎖定傳統雜貨店或百貨行為目標客戶時，他已經看到台灣通路市場的變革，決心另闢新戰場。

那時，二十四小時營業的便利店剛起步，最早進入市場的是統一麵包連鎖便利商店。葛望平分析發現，這些連鎖便利店都採加盟方式，加盟主白天要到總公司學習經營管理，只有晚上在店裡，而且因為深夜工作的店員難找，加盟主多半自己值大夜班看店。

於是，當別的業務員只會白天進攻雜貨店和百貨行時，葛望平反而專挑夜深人靜之際，到連鎖便利店去陪孤單的老闆聊天兼壯膽，還幫著搬貨補貨。

誠心誠意「搏感情」下來，很快的，他順利拿到訂單，老闆們更幫他介紹其他的連鎖店主，一家接一家的便利商店都成了他的客戶，葛望平做出了口碑，客戶們都知道「這個少年仔很不錯」。

「少年仔」當時的方法能夠成功，放在歐萊德更可一試。葛望平帶著業務團隊，從台北東區的時尚沙龍，到屏東、花蓮的小鎮美容院，一遍遍說明全新的綠色品牌，也強調在先進的歐洲，環保已是最新的時尚概念，歐萊德會是美髮業更新更好的選擇。

「你可以繼續用高價位的美國的Ａ牌或法國的Ｌ牌，但何妨多試一種完全不同的洗髮精？自然、純淨、環保，對健康和地球都最好，價格只要歐美大牌的八成！」

葛望平的策略，一字一句敲進了沙龍業者的心裡，簽約採購的店家快速增加，很多設計師都很好奇「綠色，是怎麼一回事」。

當然很多時候業務員的努力不一定能換來訂單，遇到拒絕歐萊德產品的沙龍，葛望平樂觀以對。他教育業務團隊：「沒有生意不要緊，只要先把綠色觀念傳達出去，就能奠定基礎。」

遇到不能理解接受歐萊德產品時，他笑笑告訴對方：「現在不進貨沒關係，但以後你如果想再增加一個新品牌，或以後有客人問起，想用自然純淨的洗髮精時，請你要想起我，記得打電話給我。」

葛望平一直抱持著信心，他認為面對地球暖化、氣候變遷的危機，綠色品牌未來一定有機會，歐萊德做綠色只是做得比較早，他相信「全球品牌都會變綠，遲早而已。」

改變世界的洗髮精　口碑發酵

這套差異化策略，延伸在客戶活動上。

外國髮妝品牌為沙龍客戶辦活動，大多數都是髮型秀，透過妝髮造型結合流行趨勢，展現品牌精神，也可同步推廣造型和染燙產品，但歐萊德很清楚自家產品定位不同，更深知自家強項不在髮藝，而在洗護，所以不如採用「減法行銷」，改從綠色活動著手。

這個做法，在美髮業界又是創舉，但「勇敢顛覆」早已成歐萊德的基因，葛望平總是做別人不敢做的事。

二〇〇九年歐萊德為沙龍設計師舉辦年度見面會，這是一年一度的大型活動，不同於別的品牌都是辦大型髮藝秀，葛望平決定包場邀請沙龍設計師，一起觀賞法國導演盧貝松（Luc Besson）的「HOME搶救地球」紀錄片。

在電影院裡，盧貝松透過鏡頭，緩緩揭露地球的傷口。曾經美麗的大地，因為人類的過度開發而百孔千瘡，海洋的漁業資源快速枯竭，青翠草原漸成荒地……

數百位設計師很震驚，有人沉默深思，更有人唏噓嘆息。

整個會場，沒有熱鬧華麗的舞台，也沒有美麗的模特兒走秀，但一片闇黑中，每個人的心，卻被另一種更深的力道重重敲擊。

丁美英記得，活動過後不久，很多設計師回報轄區業務員：「看了很感動」，對環保也有了更深的領悟。

更有設計師說：「我現在相信了，你們家真的是在『做綠色』，我們願意一起努力。」

從二〇〇六年到二〇一二年，經由業務團隊的努力，結合設計師之間的口碑宣傳，再加上陸續獲得各種認證，歐萊德的綠色品牌在沙龍市場攻城掠地，全台簽約採購的沙龍店家從一千餘家增加到五千多家。

二〇一三年之後則維持穩定成長，二〇二〇年的合作沙龍已有七千多家，約占全台沙龍總數的三分之一，每月平均交易採購的店家也有二千五百多家。

如今許多設計師不但成為歐萊德的客戶，更成為堅定的綠色伙伴，他們常在沙龍裡向消費者介紹這瓶訴求「改變世界的洗髮精」所代表的意義，也會從幫客人的頭髮吹乾、洗頭等小細節裡，留意如何節能減碳，更願意響應歐萊德舉辦的淨灘、關燈愛地球等公益行動。

第四章

我們是誰 我們存在的理由

「8free」的成功，讓歐萊德站穩品牌改造的第一步。但這只是起點，接著還要追求對地球更友善的做法。

葛望平拚了命讀書和學習。他學品牌、學環保，甚至學化工認識各種化學成分，常常苦讀到窗外曙光乍現。

許多次，看著天際發白，他會暫時放下書本，一遍遍問自己：「Who we are?我們存在的理由是什麼?」

隨著天光漸燦，黑暗退去，心裡的答案逐漸清明：「我們的存在，不是為了把洗髮精賣出去，市面上不缺一瓶洗髮精，缺的是對健康和環境有貢獻的洗髮精。」

尤其父母過世給葛望平莫大的感觸。父母生前，他從沒有過這種想法，但此刻，他心中許下宏遠的目標：要做出不一樣的洗髮精，對得起自己的生命。

農產代替化學品　用在地創造獨特價值

當不再使用八種有健康風險的化學物質之後，歐萊德產品訂下新目標，要用農產品代替化學品。

葛望平認為，「8free」一開始只是為個人健康和生命，但企業要從更高更遠的角度思考，在健康之後，還要考慮社會和環境，讓農產代替化學品，不但對地球好，也是企業創新的一場試煉，更是「我們存在的理由」。

而且歐萊德有著「萬物皆可用」和「師法自然」的信念，農產品和農產廢棄物都是最自然的素材，研發團隊要找出天然農產品的替代性。歐萊德尤其要利用台灣在地的農產或農業廢棄物，一來是因在地原料可減少碳排放，二來也為了找出台灣農產的獨特優勢。

葛望平想得很遠，他希望當歐萊德走向國際時，帶動台灣原料成為新亮點，創造出ＭＩＴ的新口碑，同時為歐萊德的品牌帶來附加價值。

國際行銷要想做出差異化，一個顛覆的策略就是「愈在地的，愈國際」。

「產品中的在地特質，能顯現出企業和品牌的獨特性，向全世界訴說『我從哪裡來』，」葛望平下定了決心。

歐萊德轉型綠色初期，先從研發配方開始，二〇一二年開發咖啡油，隔年開發咖啡因，這是最早成功生產的自有原料，之後發展出咖啡

（Recoffee）系列產品，成為代表作。

台灣的美妝產業，以前多半直接向供應商採購原料，並運用既有的配方來製作產品。也有部分髮妝品牌的產品來自委託代工廠，品牌業者不一定能掌握產品配方。

換言之，美妝產業要自製原料和配方，並不容易。

但葛望平觀察髮妝產業十多年，深深體會在台灣做美妝品牌，如果想要突破，就必須研發配方，而且最好從更上游的原料階段就自行研發，因為有了自己的原料，才不受制於人，更能從源頭控管產品品質。

葛望平說，他知道研發原料和配方的難度很高，但歐萊德之所以是歐萊德，「就是因為我們敢嘗試別人不做的事。」

將咖啡渣變黃金　回應社會現象

另一方面，葛望平主張，歐萊德的另一個品牌使命，是要和社會脈動緊密連結。

十多年前，在超商和連鎖咖啡店帶動下，台灣吹起喝咖啡的風潮，歐萊德也有咖啡機提供員工免費的咖啡。葛望平很喜歡喝咖啡，他常常一面細細聞著咖啡香，一面抓起公司有機蔬食餐廳裡一把把的咖啡渣，心裡盤算著：「這麼多咖啡渣，就只能扔掉嗎？」

於是，歐萊德團隊又有了新的功課。

當咖啡文化帶來大量廢棄的咖啡渣和咖啡殼時，歐萊德要設法讓廢棄物再利用，讓品牌反映文化，並創造生物循環。

當時研究已證實咖啡因和咖啡油對人體皮膚無害，且有滋潤和活化的功效，歐萊德決心研發運用台灣生產的咖啡，二〇一二年先和工業技術研究院合作研發從咖啡渣萃取咖啡油，接著又和弘光大學產學合作，研發從咖啡殼萃取咖啡因。

由於研發的成本很高，歐萊德當時申請了某公部門針對中小企業創新研發計畫的補助經費。卻遭到冷漠的拒絕。

那是一場學者和業者雲集的審查會，葛望平原本抱著信心和熱情參加，但一進會場，卻感到一陣不友善的氛圍。

會議桌對面的幾位專家學者，先是冷眼翻看歐萊德提出的計畫，隨後開始嚴辭批判，更有人問他：「咖啡因直接用化學合成的就好？為什麼要大費周章萃取？」

葛望平挺胸抬頭，一一說明從咖啡殼萃取的優點，天然的咖啡因既環保又不傷害健康，對人類和環境永續都是值得的投資。

但話還沒說完，馬上有專家質疑：「你們這麼小的公司，怎麼有能力做這麼難的計畫？成功的可能性很低吧？」

葛望平心中一冷，不再多說，最後他緊咬著牙根，默默走出會場，心情跌到谷底，一回公司便立刻主動撤回申請案，不願再被羞辱。

他很感慨：「沒有人相信我們這麼小的公司可以做，小企業要走一條不一樣的路，竟然這麼艱辛。」

但感慨和憤怒之後，他從不消沉，冷言冷語和補助失利，澆不熄歐萊德的熱情。

一如挑戰「8free」，打擊愈大，大家的拚勁愈強，鬥志愈旺，葛望平告訴自己也告訴員工：「別人愈說不可能，我們愈要做出來。」

愈不可能的地方，愈要去創造可能

面對困難，葛望平鮮少害怕或退縮，他甚至很有熱情，享受那種從零到有，在沙漠裡開出繁花的過程。

一九九〇年葛望平剛進入美妝產業時，在一家國產洗髮精品牌當業務員，曾到消費力最弱的台東開發業務。他單槍匹馬到台東，一身西裝筆挺，走訪全縣美容院推銷自家產品，當地人常用好奇的眼神打探這個台北來的年輕人。

穿西裝一來是因為做業務的禮儀，二來因為他觀察發現，台東民風淳樸，居民認為「穿西裝」等於高級品牌。他先用高級的形象引人注意，接下來再用親民的價格，就更容易說服客戶。

那幾個月他不曾休過一天假，跑遍台東的窮鄉僻壤，還到過原住民部落的紅葉村，那裡一家髮廊都沒有，居民甚至在河邊洗頭。但他不死心，好幾次跑到河邊去和當地人聊天，終於有人告訴他：「教堂後面有一家幫人洗頭的，但是沒有招牌。」

當葛望平找到這家唯一的小髮廊時，原住民老闆娘瞪大了眼睛，聽他說完進貨價格，還可送貨到府時，老闆娘笑得闔不攏嘴。

她反覆確認：「你真的是這個價錢？還會幫我送貨過來？」因為遠在山裡，平時她總要大老遠去台東市區批貨，葛望平的服務到府，有如天上掉下來的禮物。

對葛望平來說，送貨並不是問題，他心裡很清楚，服務絕對是銷售的一部分，「當各家洗髮精都差不多時，只要我更努力一點，服務好一點，多跑幾趟，客人就會不一樣，我就會有生意。」

不久之後，葛望平在台東拿下一百五十家美容院的訂單，創造了老闆口中的「後山奇蹟」。

多努力一點，會創造無限可能，葛望平相信，研發咖啡系列產品亦復如此。整整兩年，歐萊德的研發團隊加強與學界合作，更不惜重金大舉投資研發經費，在一次又一次的萃取、實驗和測試之後，咖啡油的研發終於成功，開發咖啡系列產品。

二〇一六年五月，超臨界萃取咖啡油研究成果更發表在《循證補充與替代醫學》（*Evidence-Based Complementary and Alternative Medicine*）期刊，國際學術界的肯定與世界三大發明獎金牌，也讓歐萊德在研發農產、創新產品的路上步伐更堅定。

除了咖啡油，歐萊德同時運用超音波萃取技術，在咖啡殼提取天然的咖啡因，加入養髮液原料中，弘光大學經由第三方人體試驗證實，「咖啡因養髮液」可幫助調節頭皮機能，打造良好養髮環境。

咖啡因和咖啡油的原料研發成功，帶給歐萊德的另一個成就，是經由申請，擁有了國際化妝品成分命名法（International Nomenclature of Cosmetic Ingredients，以下簡稱ＩＮＣＩ）的命名權。

咖啡因原料　取得國際化妝品成分命名權

ＩＮＣＩ是一套國際通用的化妝品成分命名系統，開發者想要成功登錄ＩＮＣＩ成分，除了原料來源需為全球獨創之外，更要證實此成分確有功效。歐萊德研發的咖啡因原料登錄為ＩＮＣＩ的一個成分，代表開發原料的實力已達國際水準。

歐萊德還跟興采紡織合作，興采利用咖啡渣製作咖啡紗，但過程中會留下咖啡油廢棄物，兩家業者合作，各取所需共創循環經濟，讓原本被當成垃圾的咖啡渣，產生了全新的價值。

對歐萊德來說，利用廢棄的咖啡渣和咖啡殼做出全新的產品，等於是創造了生物循環，減輕地球負擔，實現綠色永續。

一瓶瓶的咖啡因養髮液，也帶給葛望平另一種喜悅。因為咖啡因產品延伸出了環境教育的功能，可以引領很多人認識資源再生，進而願意珍惜資源，一起成為綠色永續之路的伙伴。

咖啡因養髮液上市後，連續拿下德國、瑞士世界三大發明展金牌獎、評審團特別獎，還有英國「全球美妝大獎」（Pure Beauty Global Awards）與「全球綠色環保獎」（Green World Award）金獎，多年來始終是歐萊德的明星產品。

因為原料天然、養髮效果佳，咖啡因養髮液很受消費者青睞，口碑與回購率都很高，始終有著一群死忠的客戶。

除了實質的養髮效果之外，咖啡因養髮液背後的研發歷程，更創造出無形的價值，吸引另一種消費者，例如上銀科技總經理蔡惠卿，每年都會採購數十瓶。

但她不是自己用，而是把咖啡因養髮液當成「激勵團隊的載具」。上銀是知名的工具機大廠，和歐萊德一樣從不滿足於只做代工，而是傾全力投注研發，並走向國際，如今已是全球非常重要的精密滴螺桿及線性傳動元件廠。

蔡惠卿和葛望平是多年好友，上銀和歐萊德雖是完全不同領域的產業，卻有著惺惺相惜的情誼。蔡惠卿說，歐萊德的產品，讓她看到和上銀一樣的品牌精神，一種無怨無悔投入研發的執著。

因此她每年大批採購咖啡因養髮液，做為給員工的禮物，不但讓他們改善長年為工作勞心而可能面臨的頭皮問題，「更激勵他們同步感受台灣品牌投入研發的熱情和決心，」蔡惠卿說。

二〇一九年，世界知名水晶品牌施華洛世奇（SWAROVSKI）也因為非常欣賞這瓶養髮液傳遞出的永續精神，與歐萊德合作，推出瓶身鑲有三十一顆施華洛世奇彩色水晶的咖啡因養髮液，做為施華洛世奇二〇二〇年限定紀念版精品。

曾任歐萊德行銷協理的王喬臻説，施華洛世奇將永續做為企業發展的重要理念，水晶切割工廠的用水都來自再生循環，因此規劃二〇二〇年限量精品時，找上了歐萊德，讓兩個品牌一起創造出更有力的永續概念。

限量兩萬瓶水晶版咖啡因養髮液，上市大半年即銷售一空。

「以理性與感性兼具的產品，傳遞有形與無形的價值，」始終是葛望平心心念念的目標。咖啡因養髮液從有形的養髮成效，到無形的研發和永續精神，正是最成功的例子。

十年一生枸杞根　翻轉在地化

枸杞根的研發，是歐萊德的另一項驚喜。

幾年前，為了開發枸杞產品，有一次歐萊德研發人員到桃園觀音探訪當地農園，熱情的農民推薦他們品嘗枸杞根茶，還介紹那是一種特殊品種的枸杞，稱為大葉枸杞，「是老祖宗留下來的寶貝」。

好喝之餘，歐萊德員工帶了幾支大葉枸杞根回實驗室分析，赫然發現它富含延緩肌膚老化的天然成分，是許多天然原料的好幾倍。

這讓歐萊德如獲至寶，馬上投入經費與弘光大學合作研發萃取。二〇一四年十月，大葉枸杞根萃取物在皮膚護理和醫學上的研究，在英國知名的《ＢＭＣ補充與替代醫學》（*BMC Complementary and Alternative Medicine*）期刊首次發表，研發成果站上國際。

大葉枸杞根也讓歐萊德獲得了ＩＮＣＩ命名權，開發原料的實力再獲肯定。

由於大葉枸杞根的產量有限，歐萊德從成分開發到研發配方，再到量產，花了很長的時間。二〇一八年以此原料，推出名為「黃金枸杞根」系列保養產品，其中的「枸杞恆潤撫紋菁萃」還獲得瑞士日內瓦發明獎、台灣精品獎。

大葉枸杞根的成功，讓歐萊德研發台灣農產更有信心。葛望平說，桃園觀音生產的大葉枸杞根，有純淨的桃園大圳水源澆灌，富含能延緩肌膚老化的芸香苷，但因為要種到第六年才能採收，之後土地還要經過三、四年的還原地利，漫長的十年循環週期，導致農民從未想過它的經濟價值。

但歐萊德相信，任何地方都可以改變，都有創新的機會。

熱愛台灣這片土地的葛望平，更希望藉由企業投入，推動農村的地方創生，更可透過契作方式鼓勵農民，投入種植這些可以長久生存的植物，不急於破壞土地、改變生長環境，才是和地球和平共存的最好方式。

尤其桃園觀音是全台主要生產大葉枸杞根的地方，這種極具地方特色的農產有其獨特性，當外國其他地區都種不出這些優質農產時，歐萊德便能把在地特色翻轉成國際優勢，翻轉世人對台灣農產的眼光，更提升歐萊

你每賺一美元，
環境得付出〇．四一美元的代價。

德的品牌獨特性和價值。

為了追求最好的原料和配方，歐萊德也從不吝惜下重本。

葛望平長年投注心力學習綠色製程，他深知傳統的化妝品原料製作過程，是用壓榨或蒸餾方式先溶掉天然物質，再從有機溶劑中分離萃取，但天然物質溶解後，可能導致活性物被破壞，功效會打折。

另一方面，有機溶劑雖稱為「有機」，但和有機農產品的「有機」意義大不同。

有機溶劑是把有機化合物作為溶劑，用來溶解物質，這種「有機」是含有碳原子之意，亦即含石化成分。常見的有機溶劑有乙醚、二氯甲烷、苯、四氯甲烷等，在溶解和分離過程中，可能有殘留或釋出化學物質的風險。

為了改善萃取的問題，提升產品品質，二〇一五年初，葛望平專程參觀一年一度的國際工具機展，他一家、一家的研究廠商推出的機械設備。

逛了大半圈，一台最新發表的超臨界萃取機吸引了他，這種機器不用傳統的有機溶劑，改用液態CO_2做萃取溶劑，萃取溫度也只要攝氏五十度，不會破壞成分。

回到公司後，他找來負責製程的副總蔡倉吉：「這個機器可以提升我們的綠色配方，你去找找。」

隔天，蔡倉吉回報，但面有難色的說：「高雄的金屬工業研究發展中心有一台，可是很貴，真的要買嗎？」蔡倉吉當時查訪工具機業界，發現超臨界萃取機價錢高昂。

葛望平笑一笑：「其他的錢可以省，研發不行。」

三個月後，一台超臨界植物萃取機送到了歐萊德工廠，上面標註著序號〇〇二，代表著這台萃取機是金屬工業中心推出的第二台，金屬工業中心是台灣超臨界萃取設備的業界先進，特別為歐萊德量身定做。

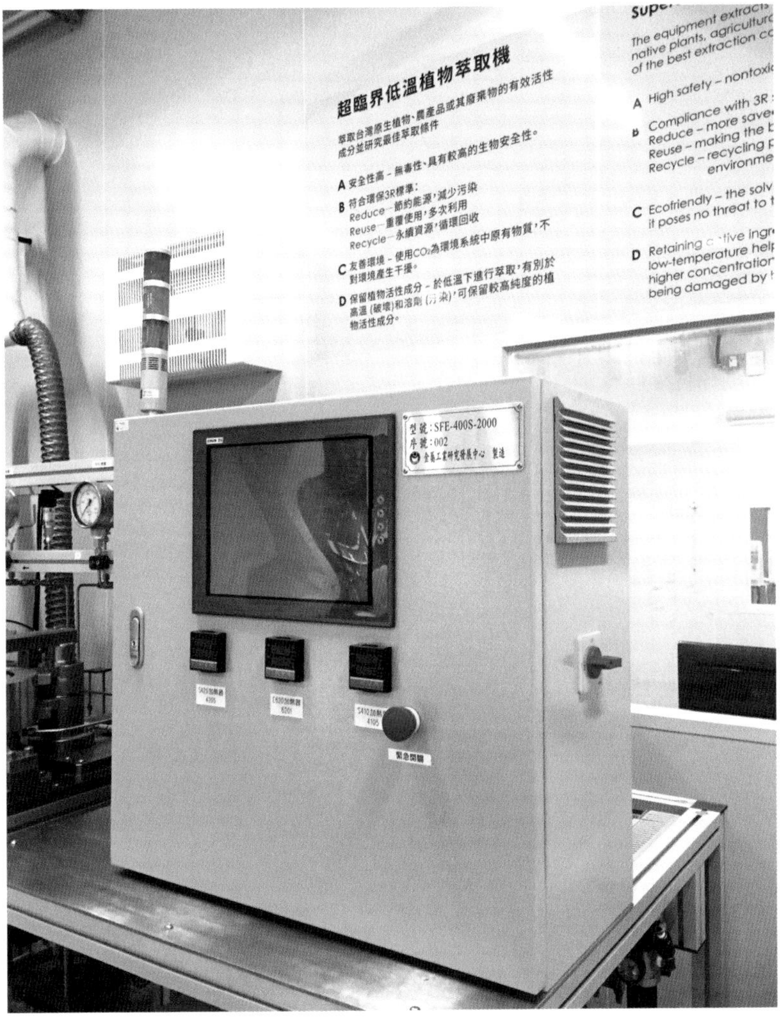
超臨界低溫植物萃取機
萃取台灣原生植物、農產品或其廢棄物的有效活性成分並研究最佳萃取條件
A 安全性高－無毒性、具有較高的生物安全性。
B 符合環保3R標準：
Reduce－節約能源，減少污染
Reuse－重覆使用，多次利用
Recycle－永續資源，循環回收
C 友善環境－使用CO2為環境系統中原有物質，不對環境產生干擾。
D 保留植物活性成分－於低溫下進行萃取，有別於高溫(破壞)和溶劑(汙染)，可保留較高純度的植物活性成分。
型號：SFE-400S-2000
序號：002
緊急開關

心目中沒有最好，永遠在追求更好的葛望平，
不惜重資採購昂貴的機器，
只為提升原料萃取的品質。

上銀科技總經理 蔡惠卿：

企業領導者造型是品牌的溝通符號

台灣企業家的服裝多半走傳統保守路線，但葛望平的造型一向自由奔放，他的髮型多變，穿西裝不一定打領帶，長褲常是年輕型男愛穿的窄版九分褲，腳下還不時出現「很潮」的運動鞋。這一身打扮，有時會讓初識的人很意外，也有人眼睛一亮，非常欣賞。

上銀科技總經理蔡惠卿，正是後者。

她和葛望平相識於十多年前，那時他們都是台灣精品品牌協會的會員，和其他來自中小企業界的菁英一起參加品牌教育課程。第一次看到葛望平，她心想：「這個總經理太特別了，看過一眼就不會忘！」

蔡惠卿說，每次上課，在一群清一色西裝筆挺的中年企業家裡頭，葛望平很不一樣，他總是頂著捲髮，戴著又大又粗的黑框眼鏡，衣服很時尚，說話很快，人很熱情，非常活躍，談起環保頭頭是道，個人形象非常鮮明。

「那時我們都剛開始學做品牌，但我覺得，他自己就是個品牌，引人注目，後來更是成功的品牌代言人，」蔡惠卿如今是台灣精品品牌協會的副理事長，談起葛望平，依然讚賞。

她也認為，當一個企業領導者能勇敢展現自我時，就代表一種信心和信念，會帶領企業走出一條獨特的路。

因此，蔡惠卿很喜歡葛望平那樣的造型，她說自己也愛漂亮，也嚮往打扮得「誇張一點」，只是長年處在陽剛氣息濃厚的黑手產業環境，又身為精密機械大企業的領導者，平時的服裝造型必須中規中矩。

「但我會在一些小細節著手，展現不一樣的總經理，」例如她常要求服裝設計師，把她的套裝和襯衫袖口、領口稍稍修改，加入設計感，製造一點不同的個性。平時她搭配西裝和襯衫的，也不限窄裙或長褲，常有柔美的A字長裙。

這些看似微小、但實則關鍵的與眾不同處，巧妙的透露出企業領導者的特質，上銀原本硬邦邦的工具機產品，近年因此添加不少浪漫的創意，讓品牌形象和經營方向都有了新風貌。

企業領導者的形象代表著品牌精神，葛望平和蔡惠卿用自己的形象，做為品牌與社會溝通的一種符號，更因為用心和勇於展現自我，即使是一頭捲髮、一條長裙，都能成為最成功的符號，更帶領企業走出閃亮的願景。

第二部

重新定義

第五章
沒有綠色 你還存在嗎？

二〇一五年九月的義大利，一年一度的威尼斯影展剛開幕，水都運河堤岸上，陽光燦爛，星光熠熠，幾位大明星拿著一瓶洗髮精拍照。

他們把相片分享上社群帳號，向全球粉絲介紹，這是一瓶來自台灣、用完後會長出大樹的神奇洗髮精。

這瓶洗髮精有個美麗的名字「瓶中樹」，是影展主辦單位為貴賓精心準備的伴手禮。但它的神奇，不只因為會長出樹苗，更因為背後有一段台灣綠色供應鏈的傳奇。

一本書的啟示　催生兩種包材方案

歐萊德很早就把目標設定為做出「全世界最綠的洗髮精」，不是內容物「綠」，連包裝也要符合綠色永續。推動品牌改造時，也同步研發綠色包裝。

二十一世紀初期，工業化生產引發的環境破壞問題引發省思，德國化學家麥克・布朗嘉（Michael Braungart）與美國建築師威廉・麥唐諾（William McDonough）發表《從搖籃到搖籃》（*Cradle to Cradle*）一書，提出讓大自然資源循環利用的概念，運用在產品設計上，給了人們一個新的方向。

葛望平很愛這本書，他反覆閱讀，思考如何把《從搖籃到搖籃》提出的概念用在歐萊德的產品上，讓歐萊德產品的包材，盡量避免使用石化原料，甚至可以回歸自然。他認為，歐萊德的產品不僅是考慮消費者，更對社會和環境有責任。

經過公司內部多次討論，不久之後，歐萊德的研發和行銷團隊根據《從搖籃到搖籃》的精神，決定了兩種包材方案。

第一種是「生物循環」系統，利用廢棄的植物材質製作可分解ＰＬＡ（聚乳酸）包裝瓶器，當瓶內產品用完之後，瓶器會分解可堆肥回歸自然。

第二種是「工業循環」系統，把用過的各種塑膠包材經由回收、分類、清洗、重熔，製成「ＰＣＲ再生塑料」（Post-Consumer Recycled Plastics），接著使用「再生料」製作再生瓶器，是一種消費用品回收再製有助減少使用新的石化原料。

就像在市場買一條魚，如果商家販售時用荷葉包魚，荷葉用過後可以重新分解堆肥，回到土壤滋養大地，這就是「生物循環」，讓地球資源生生不息。

但店家若用塑膠袋來裝魚，塑膠袋用過之後經由回收、再製，又做成新的塑膠包材重新被使用，這就是「工業循環」，可以減少人類再生產石化原料製作全新塑膠袋，也很環保。

只是，十多年前的台灣，絕大多數髮妝品都採用一般塑膠瓶器，對供貨的瓶器製造商來說，用現成的塑膠原生新料做瓶器，省錢又省事。歐萊德這些不同於別人的要求，供應商肯做嗎？

在「綠色、永續、創新」的征途上，歐萊德需要更多的伙伴攜手同行。

幸運的是，他們遇到了。

用一顆相思樹種子　引發改變

銘安科技，是歐萊德的第一個好伙伴。

歐萊德的經典產品「瓶中樹」洗髮精的瓶器，正如前述的荷葉，它是歐萊德第一支採用生物循環分解瓶的產品。

二〇〇八年，台灣雖已有可分解的PLA材質餐具上市，但鮮有PLA瓶器，主要因為瓶器必須長時間盛裝液態物質，用途和餐具不同，而且PLA瓶的生產時間和加工溫度都和傳統塑膠瓶不同，工廠製作一個普通塑膠瓶只需二十秒，但分解瓶要四十五秒，成本高太多。

葛望平特別去拜訪銘安董事長黃建銘，銘安也是一家中小企業，和歐萊德一樣，想走不一樣的路，正全力研發ＰＬＡ。

當時，兩家公司都很小、很辛苦，但雙方都相信這是個機會，願意投入時間和成本一起拚，即使有風險，但兩位董事長堅信「沒有挑戰和創新，就不會成長。」

兩家企業也一起研究用料和製程。要裝液體的ＰＬＡ瓶器很難做，必須一再調整原料比例，模具也要重開，而且吹瓶很難，尤其是接縫和轉角的密合問題很難克服。銘安一再研發、測試、重做，整整辛苦了將近兩年，才終於成功。

但光是做瓶子並不夠，還有另一個難題。

歐萊德研發ＰＬＡ分解瓶時，發現台灣沒有針對ＰＬＡ的回收系統，用完的洗髮精分解瓶，最後可能還是會被當成垃圾，扔進一般焚化爐，失去分解後回歸大地的意義。

但再大的難題都阻擋不了歐萊德，葛望平的心法是「堅持」：「遇到困難，不是放棄，而是設法克服，這才是歐萊德。」

歐萊德團隊再思考，最後提出了「瓶中樹」的概念。

在瓶底嵌入植物種子，引導消費者把空瓶埋進土裡，一年後瓶子分解堆肥，種子會發芽逐步長成大樹。

嵌種子又是一個挑戰。嵌什麼植物的種子？怎麼嵌？行銷團隊不斷研究，最後選出相思樹種子，因為它是吸碳能力最強的樹種之一。

從內容物和瓶器的生產、製作、使用，到最後的空瓶掩埋、發芽，歐萊德把綠色永續串進了「瓶中樹」的每一個環節，也彰顯了人類和大自然共存共榮的珍貴合作。

瓶子提早分解　反而成為強力賣點

「瓶中樹」更發揮另一個重要的作用：環境教育。葛望平說，歐萊德最想看到的，就是父母帶著孩子把空瓶埋進土壤，看著種子發芽，體會生生不息的循環。

他希望這瓶洗髮精能化身成綠色永續的教具，引導世人，讓原本可能被當成垃圾的空瓶，變成蓊鬱綠樹。

當你埋下瓶中樹的空瓶入土時，一個小動作，正為生生不息的循環，推了一把力。

二〇一〇年六月「瓶中樹」正式發表，引來國際讚賞，陸續奪得設計界的知名大獎。

二〇一三年，「瓶中樹」榮獲德國紅點設計大獎最高榮譽Best of the Best 2013的洗髮精，獲獎評語：「這不只是一個會分解的瓶子，更是一個改變環境的生態設計。」

「瓶中樹」後來又獲德國iF設計大獎、日本優良設計獎、美國匹茲堡國際發明金牌獎、特別獎以及歐亞多國發明獎、設計獎的肯定，並獲得台灣精品獎。

然而，「瓶中樹」也有過一段意外插曲：它是歐萊德唯一曾經下架的產品。

當年剛上市時，沙龍客戶沒人相信一年後瓶子會自然分解，有人甚至懷疑「歐萊德老闆是不是快落跑了？怕我們想退貨……」更慘的是，進貨半年後，瓶子竟提早分解，歐萊德只好全面回收，重新再研發。

但葛望平順勢把危機當轉機，他拜託沙龍客戶把分解碎裂的瓶子留在

瓶中樹的設計，鼓勵消費者將空瓶埋入土中，
達到真正的回歸大地、生生不息。

店裡展示，證明了這是一個「對地球好」的洗髮精。

要做工業循環再生瓶　沒想到這麼難

生物循環的分解瓶成功推出後，歐萊德沒有停下腳步，緊接著研發工業循環的再生瓶。

再生瓶的生產過程比分解瓶更複雜，因為長久以來，台灣多數塑膠製品都是使用現成的塑膠新料來製造。部分塑膠原料廠商雖然生產再生料（即回收塑膠製品後，重新粉碎再製），但這些再生料的質地較粗糙，被視為低階塑料，主要只用在製作工具箱、垃圾袋等低階塑膠包材產品。

而歐萊德的再生瓶，要盛裝髮妝洗沐產品，必須採用質地細緻的高階再生料來製作。

歐萊德面臨的第一個問題，是當時台灣的塑膠原料生產廠商，幾乎鮮少產製過高階ＰＣＲ再生塑料。

第二個困難是，就算做出了高階再生料，進入生產製造瓶器的下一階段時，當時絕大多數的塑膠容器製造廠，只有使用塑膠新料做瓶器的經驗，不曾使用過ＰＣＲ再生塑料。

歐萊德要做再生瓶，必須先突破這兩大難關。二〇一四年，歐萊德找上大豐環保科技公司，希望先由大豐製造出高階ＰＣＲ再生塑料，再由歐萊德交給瑞營塑膠公司製作再生瓶，透過三家企業的合作，建立綠色供應鏈，以先鋒之姿，打造出ＰＣＲ再生塑料瓶洗髮精。

位在彰化和美的大豐公司，是知名的回收與再生塑料生產廠商，葛望平特別拜訪大豐董事長林盟洲，全力說服大豐一起合作。

當時大豐的客戶多半會在乎成本，都用便宜的低階再生料，只要可以用、不會破就好。大豐再生處理部襄理洪健翔接下歐萊德的案子，心裡很明白：「我們沒有高階PCR再生塑料的經驗，全台灣也幾乎沒人有，這是很大的挑戰。」

可貴的是，大豐當時也正在思考產業升級，林盟洲願意試一試這條全新的路。

大豐副董事長洪勝裕說，當時很多國際知名品牌清潔用品的企業宣言，都已提出要用再生料包材，台灣也有品牌想做，但一直找不到適合的高階PCR再生塑料，因為「做這個很費工、很花錢」，但大豐必須升級、做出差異化，綠色這條路一定要走。

他更說，當時台灣幾乎沒有任何一家回收料廠商會做再生瓶器的材料，一來是因為市場沒有需求，第二是消費者的環保意識也不高，但使用再生料的瓶器是未來趨勢，大豐一定要提前做好準備。

大豐生產PCR再生塑料的過程，是把回收來的塑膠容器，經過分揀、清洗、粉碎和造粒，讓再生料可以重新製成塑膠用品。

這個過程看似簡單，但對大豐來說，製作高階PCR再生塑料和低階再生料，是完全不同的兩回事。洪健翔解釋，因為高階PCR再生塑料的質地要細、雜質要少，而大豐當時既有的低階料機台和製程，幾乎都派不上用場。

為了歐萊德，大豐不停測試，並投入更多人力和成本。首先在回收瓶的洗瓶階段，增加好幾道工序，以免殘留任何氣味，接著再添購細揀塑膠碎片和顏色的新機台，同時更新造粒機台，盡量做出細緻的高階塑料。

高階ＰＣＲ再生塑料做瓶子　濕度是最大問題

在大豐生產高階再生料的同時，歐萊德還要爭取瑞營的支持。

位在台南安定的瑞營公司，是一家擁有二十多年歷史的塑膠容器製造廠，十多年前就已是歐萊德的瓶器供應商。瑞營的國內外訂單很多，歐萊德只算是「非常非常小的客戶」，是否要接下歐萊德的新訂單，製作自家從來沒做過的再生瓶，一度讓瑞營很躊躇。

但葛望平懷抱熱情和毅力，他又親自去說服瑞營，強調再生瓶器對環境有益，更是新興產業，瑞營一旦有了製作再生瓶的經驗和設備，未來前景可期，而且製作過程中的各種困難，歐萊德都會協助解決。

瑞營被葛望平打動，願意一起努力。瑞營總經理林清森說，另一個原因是瑞營身為與歐萊德合作多年的供應商，道義上必須要挺：「我們如果不配合，歐萊德會很困難。」

二〇一五年，瑞營開始試做再生瓶，但和大豐一樣，初期難關重重。濕度是最大問題，大豐做出的再生料送到瑞營工廠後，瓶子吹不起來。

那時在瑞營的工廠，長達大半年的時間裡，作業人員不斷測試產線上的瓶器，投入的再生塑料總是太軟太濕，瓶子無法成形，機台上的料管又常被塞住，只好整個拆下再重新組裝測試，每次一試一拆，來來回回要耗掉很長時間。

林清森每次看著產線都不禁皺眉，他計算發現，試做一次再生瓶大約要八個小時，卻始終做不出成品，再算算幾個月來的「白做工」，他好幾次忍不住問自己：「做這筆生意，划算嗎？」

只是，一想到歐萊德的期望，林清森總會轉個念頭，繼續堅持下去。瑞營的產線一再測試，技師們研究各種方法，後來試著在產線加裝乾燥機，再於投料前增加乾燥兩小時的工序，最後終於成功。

可是瓶子做出來又發現新的問題，再生料的回收分色很難做到百分之百均勻，且未經漂白，做出的瓶器不像新料塑膠瓶那樣白皙光亮，偶爾有小黑點。

好幾次，葛望平親自到大豐和瑞營，他高舉起產線上的瓶子，對著天花板的燈光，再三細看那些小黑點。

幾個老闆和產線、研發、品保的工作團隊，桃園、彰化、台南來來回回討論，反覆琢磨，大豐再改料、瑞營再重做，最後瓶子上的黑點少了、小了，但肉眼還是看得見。

「就當是雀斑瓶吧！」林盟洲和葛望平靈光一現，雀斑正顯示美女的自然清麗，再生瓶上小黑點不也能訴說環保再生的永續理念嗎？一個小黑點，換個想法，反而彰顯綠色品牌的獨特價值。

二〇一六年，歐萊德成功研發出百分之百以PCR再生回收塑膠製作的百分之百可溯源PCR再生瓶，也測試確認瓶器符合安全衛生未含任何重金屬，正式量化生產。歐萊德並以此成為第一個向德國Cyclos申請PCR認證的亞洲企業。

環保署在同年七月特別舉行記者會，介紹這瓶再生塑膠包裝的洗髮精，展現台灣企業投入循環經濟的成果，歐萊德和大豐、瑞營交出了綠色供應鏈的漂亮成績單，環保署更當場感謝他們為減塑的付出和貢獻。

塑膠壓頭　再生料再一次挑戰

有了分解瓶、再生瓶，歐萊德並不以此滿足，葛望平認為光是瓶身還不夠，洗髮精瓶口的塑膠壓頭也要符合綠色理念，二〇一六年再整合大豐環保與集泉塑膠，著手研究用PP（聚丙烯）再生料做瓶器壓頭。

壓頭的構造遠比瓶身來得複雜，以歐萊德的洗髮精來說，一個看似普通的壓頭，內部零組件多達十一個。

位在台中霧峰的集泉塑膠公司，二〇一六年接到歐萊德的訂單時，「坦白說，我們一開始很苦惱，因為沒有使用PCR再生塑料的經驗，」集泉董事長詹景忠篤定的說：「但我們非做不可，中小企業不能怕挑戰。」

集泉是台灣中部知名的塑膠廠，二十年來製作瓶器的按壓式壓頭、噴槍，在業界早有好口碑，但PCR再生塑料和一般慣用的塑膠新料完全不同，而且壓頭中的零組件很多，要各自測試，並且個別使用不同強度的再生料。

「十一種零組件一直測，參數必須不斷調整。太硬了，壓頭會卡住，太軟了，洗髮精會漏，」詹景忠解釋，測試一個零件至少要四小時，測了之後還要靜置觀察四十八小時，而且並不會只測試一次就成功。

但集泉不曾有過放棄的念頭，詹景忠說：「那時就是一個念頭——勿負所託，」他還告訴員工：「壓頭如果做不好，消費者也許只會怪歐萊德，但真正的責任在我們。」

二〇一八年六月，再生壓頭研發成功，每個壓頭中有百分之八十三的原料來自PCR再生回收塑料再製，歐萊德舉行記者會發表這支再生壓頭，綠色品牌的目標又向前跨了一大步。環保署回收基金會發行的電子報《回收綠報報》，也在二〇一九年以〈世界首創再生塑膠壓嘴，集泉塑膠成為綠色新模範〉為題專文介紹。

二〇二〇年，歐萊德旗下所有洗沐護產品的HDPE（高密度聚乙烯）包裝瓶，已全面改用PCR再生回收塑料製成的再生瓶。「瓶中樹」系列產品則採用可完全分解回歸大自然的「分解瓶」。一〇〇〇毫升的洗沐產品更全面啟用PCR再生回收塑料壓頭，包裝達到減碳、減塑。

PCR再生塑料瓶和再生壓頭在國際上也獲得肯定，再生瓶於二〇一七年贏得巴黎永續美妝獎—包裝獎的銀獎（Sustainable Beauty Award-Packaging Runner-up），再生壓頭則於二〇一八年獲得同一獎項。

銘安、大豐、瑞營和集泉多年來的合作與努力，讓葛望平很感動，他

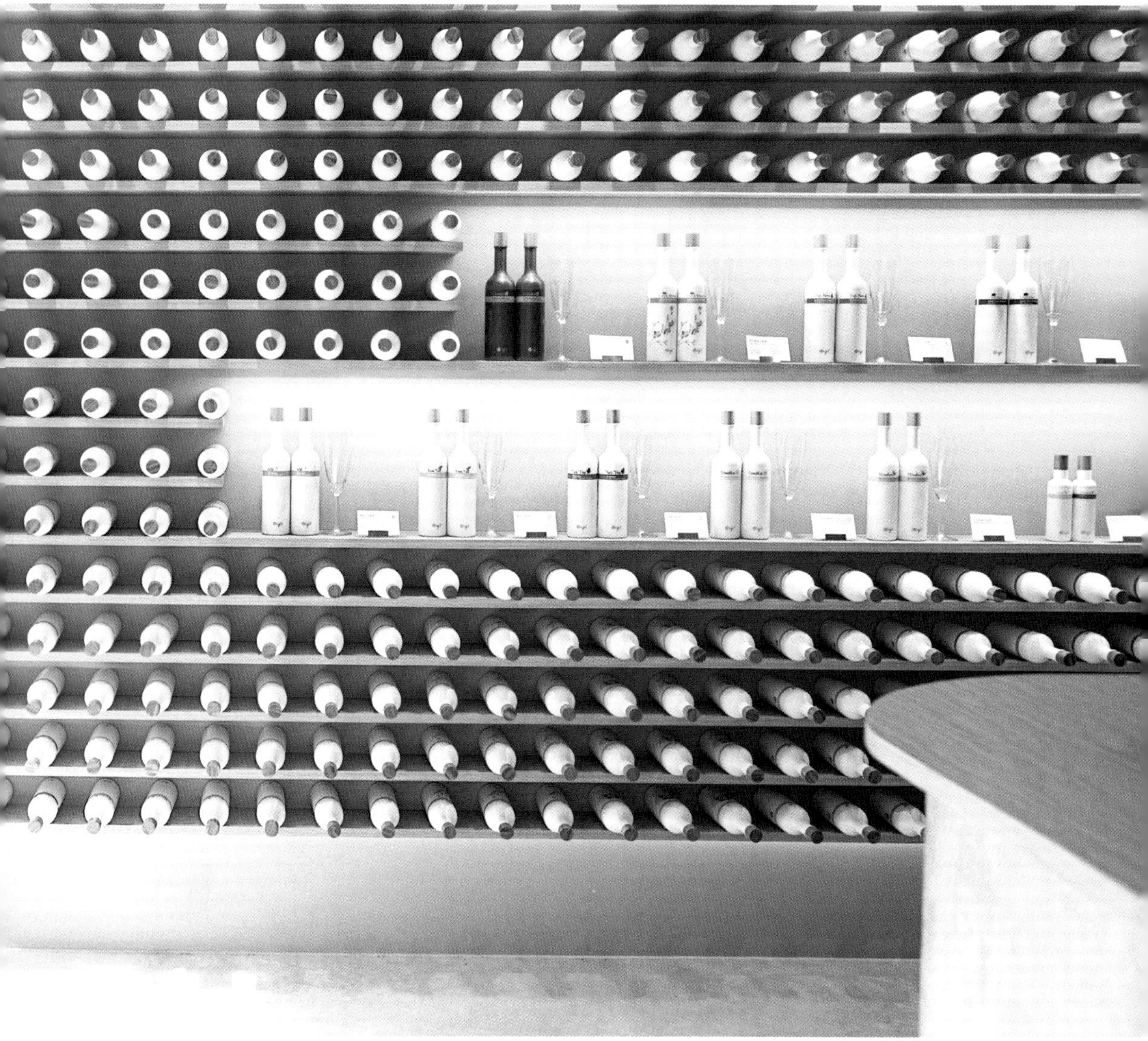

突破重重困難，歐萊德和供應商伙伴共同開發出真正永續的瓶器，
實現「對地球好」的使命。

深知產業升級說來容易，但需要投資的人力物力不是小事，尤其做綠色包裝，在台灣幾乎是一條前無來者的新路，歐萊德又是小企業，訂單量相對很少，要成為歐萊德的綠色供應鏈，供應商需要很大的勇氣和決心。

但勇氣和決心，一定能換來更大的收穫。早在二〇一〇年研發「瓶中樹」時，他就想得很清楚，下一個十年，一家企業如果沒有綠色，還有沒有競爭力？

再過十年到二〇三〇年，他相信綠色更是生存力。「沒有綠色，你還存在嗎？」

綠色的願景讓幾家廠商超前部署，願意一起拚，一起思考各自的產業會面臨怎樣的競爭和未來，更清楚「現在就是未來」，做綠色瓶器不只是為歐萊德，而是創造各自全新的品牌價值，更能提早站好戰略位置。

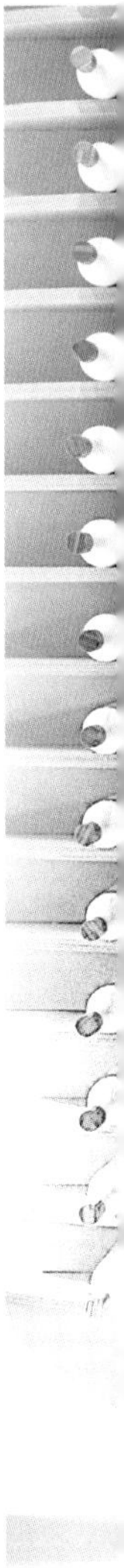

葛。雨露。。。

到二〇二〇年，
若還未能與綠色經濟、永續發展靠近，
企業將很難發展；
到了二〇三〇年，我會問你是否還存在。

歐萊德與銘安科技共同開發生物可分解洗髮精瓶身設計之後，美國星巴克也開始採購銘安的可分解塑膠吸管到美國，銘安更獲得日本三井物產塑膠公司和台塑投資入股。

製作再生料的大豐公司也快速成長。如今的大豐早已非昔日小廠，公司門前廣場上，一車車回收瓶已壓成瓶磚準備入廠，辦公室的展示架上，擺滿運動品牌環保袋、清潔劑瓶罐，還有美國知名品牌的口紅外殼，都是高階再生料製成的各種日用品包材。

創造新市場　帶動循環經濟

距離歐萊德的ＰＣＲ再生瓶上市不過四年，大豐已成為台灣製作高階再生塑料的領導品牌之一。循環經濟正在起飛，高階再生料的商機快速發酵，歐美的國際大品牌都開始有了企業社會責任的壓力，在品牌宣言中高喊要提升再生料使用比例。

大豐的官網上更不忘介紹：「將回收標誌二號的ＨＤＰＥ材質塑膠牛奶瓶，再生加工製成環保瓶器，推出亞洲髮妝界第一瓶百分之百再生塑膠瓶，令歐萊德穩占綠色髮妝第一品牌的地位。」

大豐副董事長洪勝裕拿起一支清潔用品空瓶，這是某國際連鎖清潔用品集團旗下的一個產品，供應商正是大豐。「從歐萊德之後，我們有了機會、有了經驗，我們現在的國際競爭力很強，全世界的訂單一直來。」

他笑瞇了眼睛：「當年投資機台雖然增加成本，但後面的效益太值得了。」葛望平提出的競爭力和生存力，在大豐得到印證。

南台灣的瑞營也一樣，歐萊德再生瓶的製作經驗，讓瑞營建立口碑，近年已有幾家知名家用清潔品大廠找上瑞營，開始測試製作PCR再生瓶，但成本太高讓許多品牌猶豫不決。

林清森分析，因為同樣做塑膠瓶器，再生料一公斤成本五十五元，原生新料只要三〇到四〇元，再生料成本比新料高出二〇到三〇％，且不良率也較新料高，多數品牌花不下去，「但歐萊德不一樣，即使是高成本，為了綠色，他們從不猶豫。」

從分解瓶、再生瓶到再生壓頭，歐萊德早已建立起了綠色供應鏈，把「綠色、永續、創新」的價值主張，擴散到更多合作企業一起執行，而且讓廢棄物再利用，賦予新價值，實現了循環經濟。

財團法人塑膠中心長期輔導廠商研發創新，經理許祥瑞說，塑膠產業是關聯度最高的產業，市場先有需求才有供給，當市場上有了歐萊德這樣願意使用再生料的品牌，就能鼓勵塑膠廠商有勇氣「繼續往綠色走下去」。

台北科技大學環工所特聘教授胡憲倫更認為，歐萊德建立起的綠色產業鏈，是台灣循環經濟一個很好的模式，讓後面的更多人可以追隨。

為落實能源轉型，行政院在二〇一六年十月二十七日通過「綠能科技產業創新推動方案」，希望達成二〇二五年再生能源發電量占比達二〇％的目標，同時宣示台灣將走向循環經濟的時代。

相較於官方的公開宣示，歐萊德超前部署了至少六年。

第六章

以科學反轉「我講的，別人都不相信」

推動綠色品牌以來，葛望平不時會想起童年幫著媽媽做家庭代工的回憶，媽媽常會再三叮嚀「不要投機取巧，要把活兒做好」。

葛望平出生在高雄鳳山，童年是一段艱苦卻懷抱希望、勇往直前的歲月，家裡的經濟情況不好，媽媽教給他的人生信條是勤儉和承諾，父親要他做一個有用的人。

小學五年級那年，全家北遷，他跟著父母在街頭賣甘蔗汁，客人的笑容，是他最開心的事，逐漸體會「認真服務，會有好收穫」。

一家人也一起做家庭代工，媽媽教導要信守承諾，不能投機取巧，做出好東西才對得起交付任務的雇主，連帶的也能再為自己爭取接到更多賺錢機會。

長大之後創業，走一條跟人不一樣的路，他經常遇到質疑與挑戰：

「我說歐萊德的產品有多好，別人都不相信。所以我們不投機取巧，要透過最嚴格、最科學、有公信力的方式和機構來驗證，證明給大家看。」

歐萊德申請各種綠色永續的國際認證，接受嚴格的檢驗，迄今已拿下國內外數百項環保相關的認證。

挑最嚴格的驗證　勇於推翻自己

其中，和消費者最相關的產品內容認證，歐萊德採用非常嚴格的美國農業部（United States Department of Agriculture, USDA）生質優先計畫（BioPreferred Program）生物基產品自願性標示認證（以下簡稱美國官方USDA Biobased生物基天然永續認證）。

葛望平說，很多美妝品牌都採用歐盟驗證，但歐萊德認為美國官方USDA Biobased生物基天然永續認證比歐盟驗證更嚴格，因為該認證是完全由官方組織進行，對產品的檢驗不是只審文件，而是全成分檢驗的實體檢驗。

歐萊德自二〇一九年三月開始申請，截至二〇二一年一月，已有五十五項產品、三項原料全數通過檢驗，其中頂級防護保濕乾洗噴霧、植萃彈力造型油、歐萊德源木牙膏等多項產品，成分為「非石化來源」的比例高達百分之一百。同時，截至二〇二一年一月為止，全球五十五支洗髮類（Hair Care Shampoo）產品通過認證，而其中歐萊德的產品就占了十九支。

隨著不斷的創新研發，當產品的某種成分更新時，歐萊德還要送美國官方USDA Biobased生物基天然永續認證重新驗證，一切又要重來一遍，但葛望平看得很開：「一個好企業就是要勇於推翻自己，不斷革自己的命。」

另一個原因是葛望平很反對投機取巧，絕不能某一項產品拿到驗證，就對外宣稱自家產品全通過驗證，更不能驗證標章一用萬年。

這個堅持，來自他年少時一次打工的經驗。國中時期他利用課餘時間打工，幫派報商和建商發海報，週末時總在書包裡塞滿房地產建案傳單，挨家挨戶一張張塞進信箱。

但和葛望平同組的打工伙伴都很討厭他，因為別人很快發完傳單要收工了，他卻還發不到一半，大家都要等他。

發得慢，並不是手腳不如人，而是因為別人發傳單都是把一疊直接交給大樓管理員，或是一家信箱塞上好幾張，但葛望平一定要親自在每一戶住家的信箱塞傳單，而且只塞一張。

這小小的堅持和龜毛，惹來伙伴的冷眼，葛望平很固執，不肯妥協讓步，但事後證實他是對的，因為下一回派報工頭找人發傳單時，總會優先雇用他。

歐萊德面對產品驗證，葛望平的信念一如當初那個發傳單的少年：「該怎麼做就要怎麼做，該認真的事，為什麼不認真做？」

他提醒自己也叮嚀員工：「偷懶是一小時，認真也是一小時，但認真做，會讓你的人生改變，偷懶卻不會對你的人生有幫助。」

除了產品內容要認證，歐萊德連包裝材料也申請嚴格的檢驗和認證。二〇一九年歐萊德向德國Cyclos公司的EuCertPlast再生塑料成品類認證申請獲通過。

EuCertPlast是一項歐盟範圍內的再生塑料驗證標準，旨在為消費後的塑膠回收商提供驗證。Cyclos的檢驗是由德國公司來台，親自到供應鏈進行實地駐廠而非只憑書面文件審核。

葛望平常說：「驗證程序愈嚴愈好。」一來可以幫歐萊德再次檢驗供應鏈的品質是否百分百做到綠色，二來是透過公正嚴謹的第三方國際機構驗證，更能夠證明歐萊德禁得起檢驗。

Cyclos驗證通過時，還告訴歐萊德申請的PCR再生塑品是「亞洲第一個獲得驗證的」，葛望平反覆看著「亞洲第一」的字眼，雖然開心，卻也有著淡淡的疑惑和感慨。

「對地球好的事，為什麼別人都不做？」而他也更堅信自己做的是對的，因為這是歐萊德對消費者、對環境的承諾。

設計師請客人Google一下

歐萊德用科學的證據、有公信力的認證，來為自己代言，多年辛苦累積下來，現在每一項產品包裝上，都能看到好幾個標章。

一瓶綠茶洗髮精，瓶身包裝上的標章，就包括碳足跡、純素

（Vegan）、關心動物權益、美國官方USDA Biobased生物基天然永續認證、不含基改作物（Non-GMO）、無麩質（Gluten-Free）、永續成分>96等標誌。如果掃描瓶身QR Code進入網站，還可看到更多這些標誌所代表的內容，及詳細的產品介紹。

在台灣市場上，許多沙龍設計師和消費者更早已熟悉：「歐萊德，台灣做的，很多認證標章！」

和歐萊德合作至少十年的「髮參道」沙龍店長、髮型設計師莊鈤棕（Alan），以前常遇到新客人不認識歐萊德，還會問他是法國品牌嗎？他一律不多說，只請客人點開手機「Google一下」。

結果很多客人看了嚇一跳，很驚訝原來有個台灣品牌做過這麼多檢驗，還有許多外國媒體的報導。

「真的不用我們跟客人多講，歐萊德用各種認證和得獎的成績單，為自己做了最好的證明，」Alan說。

台灣師範大學環境教育研究所教授、環保署前副署長葉欣誠分析說，綠色或環保的消費意識在台灣快速成長，但消費者必須更成熟理性，「一眼看去很綠色、很天然的商品，真的有經過檢驗嗎？」

「台灣對綠色永續的論述，必須更精準、更成熟，對環境和安全的體會，不能只建立在感覺上，更要建立在科學上，歐萊德很努力做到了這一點，」葉欣誠想一想又笑著說，其實自己和家人也是歐萊德產品的多年愛用者，「因為好用，而且相信。」

報名碳足跡盤查　歐萊德是唯一的中小企業

拿起一瓶歐萊德綠茶洗髮精，樸素的白色瓶身，在第一時間向消費者傳達出「自然、純淨、環保」。

把瓶身轉個方向，背面的成分標示處，有六、七個不同的認證標章，其中最醒目的是一個可愛的綠色腳印，上面寫著「11kg」，旁邊標示著 CO_2。

這個綠色腳印叫做碳足跡（Carbon Footprint）標籤，這瓶洗髮精上的標章，更是全台灣髮妝品最早的碳足跡標籤。「11kg CO_2」則代表著這瓶洗髮精的全部生命週期過程中，產生的碳排放量是十一公斤。

葛望平說：「綠色產品如果不在綠色工廠製造，是不道德的。」歐萊德是唯一取得經濟部工業局頒發的化妝品「綠色工廠」標章。

但這對歐萊德來說仍不夠，即使一瓶洗髮精在綠色工廠生產，也只是碳足跡的一個環節而已，綠色品牌還必須經由嚴謹的檢驗和認證，做到全方位的碳足跡盤查，減碳再達成碳中和，才是真正實踐綠色永續，達成零碳的終極目標。

葛望平心中勾勒著歐萊德發展的策略地圖，必須在每一個環節都做到綠色永續，包括產品、服務和企業文化等，而關鍵的執行方式，正是盤查碳足跡建立數據，再以數據管理達成零碳。

所謂碳足跡，是指在一項活動或產品的生命週期中，直接與間接產生的溫室氣體排放量，經過換算為二氧化碳當量的總和。

碳足跡從消費者端出發，打破「有煙囪才有汙染」的觀念，一般產品的碳足跡包括：原料取得、製造生產、運輸銷售、消費使用、廢棄回收等五大階段產生的二氧化碳排放量，碳足跡盤查就要從這五個階段去查。

二〇〇七年，當台灣許多企業對環保還抱持著觀望態度時，葛望平已經積極學習碳足跡，不斷查閱資料、讀書、上課、向學者專家請益。他許下心願，要盡快為公司引進碳足跡盤查，讓歐萊德五大階段的碳排放都降至最低。

二〇〇九年，機會來了，全球當時只有十個國家辦理碳足跡盤查，環保署決定在台灣推動企業參與，葛望平滿懷期待和熱情，馬上為歐萊德報名參加甄選。

環保署的甄選名單上，提出申請的都是知名大企業，歐萊德是唯一的中小企業。

葛望平親自參加了企業資格審查會，政府官員和專家學者面有難色：「中小企業適合嗎？做得到嗎？」

葛望平充滿信心的回答：「台灣的經濟主體是中小企業，第一批帶頭的碳足跡企業名單裡，怎能沒有中小企業？」

他接著詳細說明歐萊德的企業策略地圖，並展示8free的成果：「請各位相信我，別人不做的，歐萊德做到了，而且如果我們都做到了，不是正好能帶動更多大企業、小企業跟進嗎？」

一席話打動審查委員，他們相信眼前這個企業領導人有著「敢為人所不為」的熱情和勇氣，同意讓歐萊德列入輔導名單。

財團法人塑膠中心當年肩負著輔導企業碳足跡的重責，中心經理許祥瑞一開始很替歐萊德擔心：「五大階段，要盤查供應商很難、很辛苦，人家不一定會理你。」

他分析原因：第一，歐萊德的訂單量不夠大，原料供應商多半不想為了小生意而多做什麼。第二，供應商的企業規模比歐萊德大，不肯配合小企業是必然。第三，碳足跡是新東西，原料商可能根本聽不懂。

「例如歐萊德要求供應商提供用電、用水量，但供應商又不是只做歐萊德一家的生意，必須把製程切出來另外計算，很麻煩。而且供應商會害怕，為什麼要把這些自家資料給你歐萊德？」當年的他，為歐萊德捏過無數冷汗。

碳足跡的一切，都要從零開始，但再多的「零」，都動搖不了歐萊德的決心。

塑膠中心告訴歐萊德，光靠自家碳足跡盤查並不夠，必須說服供應鏈廠商全部配合一起盤查，供應商還要自發性檢討產品製程、尋求溫室氣體

碳存簿，將會是比黃金更值得投資的存摺，

也是企業永續發展的祕密武器。

葛。雨露。。

減量對策、設定碳排放減量目標，建立起價值鏈（Value Chain）管理。

而且一開頭最大的難關，是放眼全世界，都找不到洗髮精專用的「碳足跡產品類別規則」。

從零開始　小弟帶大哥往前跑

許祥瑞解釋，碳足跡雖有國際標準，但個別產品的標準都要另外建立，製程中哪些東西要盤查、哪些不計算，要邀業界（利害相關者）一起討論。台灣洗髮精的產品類別規則，就要找化妝品同業公會與幾家洗髮精大品牌，一起討論訂定。

「大企業都在想，怎是你歐萊德這個小老弟來邀集？」許祥瑞說，當時幾家市占率很高的「大哥級」洗髮精廠商很意外，一開始很猶豫，但經由塑膠中心的說明，加上葛望平的誠意和熱情，幾家大廠最後都同意參與討論，不久後成功建立了洗髮精的碳足跡產品類別規則。

第二步，要針對歐萊德綠茶洗髮精進行碳足跡盤查，歐萊德花了好幾個月和上下游供應鏈溝通，從紙箱廠到原料商。葛望平更展現拚勁，拜訪一家又一家廠商，告訴他們碳足跡一定是未來趨勢。

他以美國為例，「連鎖超市龍頭亞馬遜已經預告，未來將優先上架有碳足跡的商品」，「你有了這一次盤查的經驗，下次別的客戶再做碳足跡時，你們就有了經驗和數據庫，搶訂單一定能加分，未來會有更多生意等著你。」

他更打包票：「專家我來請，經費我來找，有了碳足跡，我們一定可以一起創造成長……不對，不只是成長而已，應該是跳躍的機會！」

十多家供應商抱著半信半疑的態度，同意先試試看，葛望平要求各家派出兩位代表每週參與歐萊德的碳足跡工作會議，討論執行進度。

葛望平也擔心供應商撐不下去，於是每次會議前，他都會先和員工沙盤推演，要如何因應供應商提出的難題，又該如何說服他們不放棄。

他還刻意安排廠商代表坐在大型會議桌的內圈，戴著綠色臂章的歐萊德員工坐外圈，營造出極強烈的決心和革命的氣氛，「要讓供應商體認——我們是命運共同體，沒有退路！」

供應商與會時，也確實「抱著頭殼燒」（台語），因為碳足跡盤查很複雜且耗費人力和時間。有一回，會議結束，一家老闆苦著臉說：「葛老闆，我幫你介紹另一家好嗎？你家的生意，我們做不下去了……」

他比著手指繼續說，光是為了計算貨運車一天出幾輛、出幾趟、每月開幾公里、每公里要多少油、多少水，「會計都快瘋了！」接著，是一聲長嘆。

葛望平拍拍他的肩，溫暖堅定的回答：「我們不會換廠商，做這一切都是為了未來的競爭力，而且你們有實力，我們一起奮鬥，只要這次成功了，一定會讓你做到以前做不到的生意。」

這家廠商拒絕不了葛望平的執著和鼓勵，下次開會時，老闆還是來了。他雖然苦著臉，卻交出了各項數據和減碳計畫，而且一路堅持到最後，沒有退出。

台灣第一批取得碳足跡標籤的公司

做碳足跡，歐萊德內部和股東初期也有疑惑，「碳足跡吃力不討好，為什麼要做？」「我們做得動嗎？」「碳足跡能賺錢嗎？」

但葛望平的決心絕不動搖，對外，他說服政府和業界，對內，他為員工建立起一致的信念：碳足跡是歐萊德的競爭力，也是策略地圖關鍵的一環，大家必須同心協力，才能讓這條船走得更穩更遠。

此外，來自姐姐葛麗英的支持，給了葛望平很大力量。雖然那時她不大懂碳足跡，但身為股東，她告訴弟弟：「我願意相信你的計畫，相信你這個專業經理人，也尊重執行者。」

姐姐的信任，相對的也成了葛望平對股東的責任，他決心執行到底，做好這件事，不負股東託付。

二〇一〇年六月五日世界環境日，環保署舉行第一批台灣產品碳足跡標籤授證儀式，表揚廠商自發性檢討產品製程，以及在供應鏈謀求溫室氣體減量對策。

取得碳足跡標籤的企業有五家，歐萊德是唯一的中小企業，全台灣第一批有碳足跡標籤的七項產品中，歐萊德就以四〇〇毫升與一〇〇〇毫升綠茶洗髮精占了兩項。

授證典禮上，葛望平幾乎是連跑帶跳的衝到台上，開心的從當時的行政院長吳敦義手中接過證書，而他揚起的手臂上，仍牢牢繫著那枚象徵決心的綠色臂章。

典禮後的記者會，葛望平站在一群大企業代表中間，毫不退縮。面對各界的道賀和媒體的好奇，他更緊抱著印有碳足跡標誌的洗髮精，不卑不亢，一遍遍說著：「碳足跡是絕對要走的路，歐萊德就是有決心，一定要做到！」

多年後回顧這段歷程，許祥瑞認為，歐萊德是那個時代的先鋒，建立前人沒有的規則，讓後面的企業可以參考，後來台灣陸續有清潔用品也跟著開始做起了碳足跡，「這是一個品牌對社會最大的貢獻！」

「他們其實可以不必做，但他們做了，」細數歐萊德種種，許祥瑞下了結論。

取得碳足跡，只是歐萊德邁向碳中和（Carbon Neutral）的第一站。在完成碳足跡之後，展開減碳行動，即事前做好碳管理計畫，力行節能減碳，最後再以取得外部減量額度的方式，來抵換剩餘排放量，讓大氣中的溫室氣體沒有淨增加。

二〇〇八年左右，全球先進國家都開始推動碳中和，英國標準協會（British Standards Institution，簡稱BSI）二〇一〇年推出「PAS 2060碳中和實施標準（Specification for the Demonstration of Carbon Neutrality）」，推動標準化的碳中和，這套標準也是目前國際普遍使用的標準。

之後國際間許多產業、產品、組織等開始導入碳中和標準。有了第一批碳足跡企業後，環保署也參考PAS 2060與國內外實施碳中和的經驗，訂出台灣版指引，二○一一年歐萊德又加入環保署第一波試行計畫。

下一站碳中和　帶著美髮沙龍業者一起做

但要實現碳中和，不是光憑生產碳足跡洗髮精就夠，歐萊德必須把戰線從生產端、運輸端，拉長到消費端，不但原料要綠色，生產製造在綠色工廠，更要模擬產品使用情境，讓洗髮精使用時的用電用水不浪費。

那時歐萊德在全台連辦十場綠色沙龍研討會，向美髮沙龍業者和設計師宣導如何節能減碳。

許祥瑞當時曾參與講座，在台中裕元花園酒店的那一場，他一走進去時嚇了一跳。

在他眼前，三、四百位設計師坐滿全場，連走道都站滿人，葛望平在台上耐心教設計師要怎樣才能減碳，連室內植物該怎麼擺都不忘提醒。

葛望平拿著吹風機、電熱棒來回走動，他告訴台下的設計師，洗髮精最大的碳排放發生在消費者使用階段，有些洗髮精要用大量清水沖很多遍，或洗後要吹很久才能乾，不環保也不綠色，但歐萊德從生產階段便投入研發改良。

「傳統的洗髮精配方，重點在頭髮，不在乎使用情境（碳足跡），但我們現在從前端就動手，中和掉後端的碳排放，這就是為了碳中和而努力，你們都是一同努力的一份子，」葛望平一遍遍向台下呼籲著：「不要懷疑，搶救地球，你們每個人都可以有貢獻！」

台下，很多人是第一次聽到「碳中和」一詞，但每張臉上都寫著感動和認真，舉手發問更不曾停過。

「這十場綠沙龍講座的影響力非常大，不但有助達成碳足跡和碳中和，更可以讓觀念從設計師擴散到消費者，」許祥瑞說，事隔十年，他依然記得那數百雙眼睛裡的熱情。

二〇一一年三月，歐萊德綠茶洗髮精經BSI確證達成碳中和，環保署也在四月二十二日地球日正式對外宣布，當時只有歐萊德四〇〇毫升綠茶洗髮精與奇美電子的TL-42X8000D四十二吋LED多媒體液晶顯示器，取得台灣第一次的產品類型碳中和。

歐萊德的碳足跡驗證也獲得國際認可。二〇一四年環保署和英國碳信託基金會（Carbon Trust）達成產品碳足跡標籤相互驗證機制，歐萊德的四百毫升綠茶洗髮精，是雙邊驗證下的第一個台灣成功案例。

在歐盟非常權威的碳信託基金會，當時發表新聞稿，標題更寫著：「台灣洗髮精，消除了全球碳足跡方案的挑戰。」（Taiwanese shampoo

綠色永續的思想，
才是歐萊德的靈魂。

washes away the challenges of a global carbon footprinting scheme.）

站上聯合國　提出「歐萊德標準」

做到碳足跡、碳中和，另一層意義是讓歐萊德在執行綠色永續的過程中，建立起數據管理的模組、確立了方法，讓企業未來的生產和管理都可精準依循。

葛望平追夢的路，又向前邁進了一大步，他說：「當一瓶洗髮精的碳足跡建立起來，歐萊德就有了SOP，可以更有效率、更快速的實現綠色價值。」

此後，歐萊德更加快腳步，在SGS集團在台成立的台灣檢驗科技公司認證下，二〇一八年達成五大類九項產品與企業組織同步碳中和確證，二〇一九年再次達成企業組織碳中和及二十七項產品同步碳中和確證，二〇二〇年持續完成歐萊德企業全組織與七十七個全品項產品的碳中和確證，為SGS全球第一。

有了歐萊德做先鋒後，十年來，台灣已有愈來愈多企業投入碳足跡盤查，取得標章的產品也不斷增加。

但這在葛望平眼中還不夠，他於第二十五屆聯合國氣候變遷會議（Conference of the Parties，簡稱COP）演講中提出「歐萊德標準」：每項產品都應有碳足跡、每項產品都應有減碳策略、每項產品都應實現碳中和、每個組織與企業都應該達成碳中和。

他也有信心，零碳，是人類的未來，一定會有更多企業願意和歐萊德走上同一條路。

因為考量碳排放，葛望平還堅持：歐萊德的店頭不做空瓶回收。

誰能想到，一個來自亞洲小島的中小企業經營者，
有一天竟能站上聯合國舞台。

這是一個很不一樣的做法。在台灣的消費市場上，部分品牌為了展現環保理念並達到行銷效果，會推動店頭回收，鼓勵消費者把空瓶、舊衣、紙袋等物資帶回店頭。

但葛望平認為，讓消費者把歐萊德產品空瓶帶回店面回收的宣傳，運輸過程反而增加碳排放。歐萊德主張「在哪裡使用，就哪裡回收」，在家庭使用剩下的空瓶，應就近送入家庭資源回收系統，歐萊德絕不刻意去做店頭回收的宣傳，而是將經費用在回收再製。

葛望平也感慨，空瓶回收在台灣，很容易淪為一種半吊子的環保，因為台灣的資源回收率雖在世界名列前茅，但回收後的塑膠、廢紙等資源，只有極少數會被製成再生料，多數還是被當成了垃圾。

他說，整個社會使用再生材料的比例很低、觀念不足，新的石化原料和塑膠還是不斷誕生，這與減塑背道而馳，對環境沒有幫助。

歐萊德的拒絕店頭回收，也是一種環境教育。葛望平只要一有機會就會宣傳這個觀念：「我們要讓使用者了解，真正的綠色永續，是把瓶器回收後重新再製、再使用，如果只是把店頭回收的瓶器送入垃圾場，就失去回收的意義。」

品保嚴謹　退貨退到沒朋友

為了誠信，歐萊德團隊長久以來形成一種極度嚴謹的文化，所有與產品品質相關的關卡，都一絲不苟。

例如歐萊德對原料供貨廠商要求很多，不但原料品質要最高等級，凡是外包裝有一點小碰撞造成的凹痕或瑕疵，品保部門就是一句「驗退」，供貨商必須重送。

「我們的品保師太嚴，不放行就是不放行，常常把採購人員氣得半死，」歐萊德副總蔡倉吉帶領生產研發團隊，說到品保人員，常用一句話形容：「退貨退到沒朋友。」

這種追求完美和鐵面無私的文化，有時也讓原料商很頭大，但多數供應商和歐萊德合作多年不間斷，一方面是因為歐萊德肯定供應商的品質，另一方面是對方知道，在業界只要做過歐萊德的生意，就代表供貨品質有保證。

全球知名的原料供應商德國巴斯夫公司（BASF），是歐萊德部分天然有機原料的供應商，多年前也曾因原料包裝桶上的小凹痕，而被歐萊德退過貨。

當時，巴斯夫的台灣主管曾半開玩笑的向葛望平抱怨「你們家驗貨實在太嚴格」，葛望平笑著回答：「很抱歉，這是我們的堅持。」

而抱怨歸抱怨，這家全世界最大的原料巨擘，還是願意配合台灣小企業的嚴格要求，因為他們很清楚歐萊德的嚴謹認真。

「巴斯夫成立一百五十週年時，台灣的慶祝活動上，送給貴賓的禮物，就有我們歐萊德的洗髮精！」說起巴斯夫，葛望平再度驕傲的笑了。

髮參道店長 莊鈤棕（Alan）：

媽媽的塑膠手套

葛望平的夢想，從一瓶洗髮精出發。

髮型設計師 Alan 的夢想，也從童年的一瓶洗髮精開始。

Alan 是美髮師的孩子。他在髮廊長大，從小看著媽媽戴著塑膠手套為客人洗燙染頭髮，一直很心疼媽媽的手。

「就是那種吃手扒雞用的塑膠袋手套，小時候家裡好多！」他說，媽媽那一輩的髮廊業者都知道髮妝品有太多化學物質，早年有些染膏甚至含重金屬、洗髮精有塑化劑，不但對客人不好，更造成美髮工作者的職業傷害，媽媽和阿姨們總要非常小心的戴上手套，還要不停擦護手乳。

十多年前 Alan 自己開業創立「髮參道」之後，一直在尋找綠色髮妝品。

Alan 的皮膚屬於敏感型，雙手長時間接觸髮妝品會脫皮龜裂，「我的手不會騙人，剛開始使用歐萊德時超開心，終於有人出這種產品了，」他說。

「髮參道」整家店也有如一座綠沙龍，自然風格的店面裡，聞不到一般髮廊常有的染燙藥水味，空氣中飄散的，是一縷縷清新舒爽的氣息，架上擺著歐萊德產品。

Alan 很認同葛望平常說的「產品不只要對客戶好，更要對環境好」，他和一群年輕的設計師朋友，常常一起去淨灘，每次看到大海裡漂浮的垃圾總是很心痛。

說著說著，他隨手拿起一罐歐萊德檜木頭皮去角質凝露，擠出一些在手背上示範：「一般頭皮凝露裡的柔珠是塑膠顆粒，沖洗後排放到廢水，再流進大海，就是環境殺手，但歐萊德這瓶的顆粒是天然檜木粉，對客人、設計師、環境都再好不過。」

Alan還說，其實當多數品牌都用塑膠微粒時，歐萊德不做這些也不會怎樣，但做了會更好；就像他常問自己：「我要給客人什麼樣的洗髮精？」即使不用歐萊德也不會怎樣，但他還是堅持「用了，一定會更好！」

第七章
MIT美妝品的悲哀　我們來改變

葛望平的辦公室裡，有一個地球儀，底座有著點點斑駁痕跡，從十五年前啟動品牌改造開始，這個地球儀就是重要伙伴，承載著歐萊德的夢想。

歐萊德展開綠色改造的初期，葛望平已下定決心要同步進軍國際，爭取更大商機。他常說：「台灣企業不能只做巷弄生意，外國人說鳳梨酥好吃，你就應該到各個國家去賣鳳梨酥，而不是只等著外國人來台灣買。」

他常在開會時轉著地球儀，帶著員工凝神思考，大家一起把眼光放到最大最遠，要把品牌推向國際，而非只以一個小島為滿足。

歐萊德行銷團隊的目標從此明確，要發展成強而有力的品牌，勢必要進軍全球，去開拓更大、更好的市場。

歐萊德品牌改造後，最初的外銷目標，先鎖定歐洲市場。

在葛望平心中，歐洲的文化底蘊強，重視公眾事務和生活品質，尤其北歐對環保和自然永續的觀念最深厚，綠色品牌在那裡最有機會。

另一個原因，是歐美人常常不相信亞洲人的產品可以做得比他們好，葛望平也想賭一口氣，他說：「就是鬥志和熱血吧，我想挑戰看看，想要翻轉他們的想法，不要因為地域和膚色，就認定我只能是怎樣的人。」

但一如多數台灣品牌，走向國際的征途，初期總是荊棘密布。

「你的報價單位是一瓶還是一打？」

歐萊德先從國外參展起步，二〇〇七年第一次參加全球美妝業界最大規模的義大利波隆納美妝展，在現場提出「8free」的產品標準，讓業界人士驚豔，但他們接下來聽到歐萊德報價一瓶要台幣一千五百八十元，再看看葛望平的黑髮黃皮膚，卻是滿臉疑惑和不信任。

好幾次，外國廠商挑眉問：「你們的報價是一瓶？還是一打？」

葛望平堅定的直視對方，很大聲：「一瓶！」

外國廠商更質疑：「你們來自亞洲，又是名不見經傳的小公司，憑什麼賣歐美大品牌的價格？」

葛望平不讓步，他再三說明歐萊德的產品從原料到製程，都是高成本、高規格，絕對值得這個價錢。

只是，外國廠商聽完了，聳聳肩、搖搖頭，然後把背影留給葛望平。

在歐美髮妝市場上，這幾乎是亞洲業者共同的困境。相較於展場裡的歐美知名品牌，台灣參展業者大多是代工廠商，造成部分歐美業者認為亞洲業者只生產便宜貨的印象。

另一方面，歐萊德在品牌轉型的初期，公司獲利不高，在國外參展不敢花錢裝潢布置攤位，只能土法煉鋼，非常克難；展場牆面鋪的是貨櫃裡的防撞箱海綿，攤位擺的是一張台幣三百元的可拆式簡易小桌，映照在洗髮精瓶身的，也是一座座台幣一百九十九元的簡易檯燈。

即使歐萊德員工已耗盡心思，布置了一片綠意的植生牆，還從台灣帶去了紙箱做的環保椅，盼能傳遞「綠色、永續、創新」的品牌核心價值，但台灣館只能委屈的設在展館外的臨時帳篷裡，外國廠商總是不肯停下腳步多留幾分鐘。

波隆納天氣微寒，不斷吹進的冷風與落葉，帳篷下的葛望平怎麼躲也躲不開。

國際認證與得獎　讓歐萊德揚眉吐氣

參展的最初兩年很慘，歐萊德在台灣館很難拿到訂單，葛望平只能眼睜睜看著別人踏著紅毯走進國際館。

但他不肯放棄，每次從歐洲回台灣的長程飛機上，他不怎麼睡，總是不停回想旅程中的點點滴滴，思索著還有哪裡可以改進和突破。

他始終相信，歐萊德的綠色產品絕不比歐美品牌差，關鍵是要讓歐美人口服心服，翻轉MIT美妝品的形象。

當飛機即將降落桃園機場之際，從窗外望著底下的點點燈火，葛望平總會深吸一口氣，給自己打氣：「愈受挫，我們就愈要奮發圖強，下一次，歐萊德還是要再去！」

二〇〇九年起，歐萊德調整策略，集中火力先尋找義大利代理商，再透過共同合作申請進入國際館。因為唯有進了國際館，歐萊德才能被視為是一個國際品牌，綠色理念才會被看見，不會再被視為代工廠。

歐萊德同時積極爭取國際認證和獎項，從世界三大國際發明獎到歐洲各大環保永續美妝品大獎，還有多項歐盟和英國的環保驗證，一一入袋，逐漸讓歐萊德的品牌揚眉吐氣。

到了最近幾年，歐萊德更全面翻轉了MIT的無奈，葛望平再去歐洲談生意時，要對方拿歐洲品牌來比。他說，所有成分驗證項目一個一個比，歐萊德都比他們強，「歐洲人拿得到的獎，歐萊德也全拿得到。」

歐萊德的國際代理事業處副理陳怡婷，多年來跟著老闆跑遍歐洲，更是點滴在心頭。她曾遇過非常難纏的瑞士人，對方很驕傲，「一開始就是冷眼看你、不相信你一個亞洲企業能做出什麼。」

但因為瑞士人也有著日耳曼民族的嚴謹務實性格，會嚴格檢視歐萊德每一項認證和得獎紀錄，「最後發現我們真的很厲害，而且誠實。」

歐萊德的產品瓶身標示上，有一行綠色粗體字：Made in Taiwan。

這一行小字，早自二〇〇六年品牌啟動綠色改造時，葛望平便決定要清楚標示，字體要比瓶身的其他英文說明來得大。

對此，歐萊德公司內部曾經有異議，業務部門尤其擔心：「外國的月亮比較圓，加上Made in Taiwan，恐怕比較難打動客戶。」

但葛望平認為品牌要站穩，靠的是內容，應該對客人誠實。他說：「如果做不好，我們該做的是突破和改善，而非魚目混珠。」

當時歐萊德剛轉型，從代理澳洲品牌改為自製，新產品讓原本的沙龍客戶很難接受，葛望平一遍遍告訴業務員：「東西難賣我知道，我也很怕你們跑掉，但我們要用內容證明給大家看，MIT絕對是好產品。」

努力換來收穫，十年磨一劍，歐萊德的品牌口碑和聲譽，在許多國家已不容置疑。

葛望平很欣慰自己的堅持是對的，身為台灣品牌，「只要你誠實，這個世界還是會把機會留給你。」

以綠色主張取得海外代理商認同

把品牌送到全世界，另一個關鍵的力量，來自代理商的努力。

歐萊德綠色改造後不久，便積極透過各種管道尋覓海外代理商，但一開始並不好找，因為外國專業市場的代理商不願代理台灣品牌。

二〇〇七年，好不容易先在荷蘭找到第一位海外代理商，後來隨著品牌的國際認證與得獎不斷，代理商逐漸增加，二〇二〇年歐萊德在全世界已有數十位熟悉髮妝產業的專業代理商。

這些代理商，來自歐萊德搜尋國外專業的美妝品人才資源平台，或商業人才社群，也有些是歐萊德在國外參展時找到的合作伙伴，後來更有代理商是看好歐萊德的品牌實力，主動上門爭取代理。

他們都認同歐萊德的價值主張，也相信綠色產品、循環經濟會是未來美妝市場的主流趨勢，願意和歐萊德一起擦亮這個以「全世界最綠」為目標的品牌。對他們而言，代理歐萊德不只賣產品，還要用綠色的思維、綠色的方法，向當地消費者傳遞歐萊德最在乎的價值主張，更要一起實踐企業社會責任，投入綠色公益環保活動。

對歐萊德來說，代理商也是天涯海角的堅強盟友，透過跨國界的合作，讓歐萊德實現國際化，開創更遼闊的品牌格局。

奧地利代理商傑哈德．麥克爾（Gerhard Macher）和荷蘭代理商保羅．阿姆塞林克（Paul Masselink）正是兩位相信綠色，和歐萊德並肩作戰的資深專業經理人，傑哈德更曾是髮妝品牌施華蔻（Schwarzkopf）的瑞士和德國總經理，施華蔻是德國一百二十年歷史的美髮專業品牌，更是全球業績名列前茅的美髮化妝品製造商。

傑哈德和保羅都在歐洲髮妝產品市場耕耘了大半生，看準未來髮妝市場的綠色潛力，也極認同歐萊德的「綠」，他們帶著業務團隊向沙龍客戶介紹歐萊德的每一個綠色細節，這兩年更跑遍奧地利和荷蘭各大城市。

陳怡婷形容他們：「根本是整個身家投下去做。」

但有時歐萊德和代理商之間也需要磨合。三、四年前保羅和傑哈德剛接觸歐萊德的咖啡因養髮液時，幾次在跨國視訊會議中搖頭皺眉：「這個價錢太貴了，不會有人買。」

但陳怡婷不肯讓步，請他們先進一點貨試試，當時保羅的妻子罹癌化療，試用後養髮效果大好，保羅和傑哈德下的訂單從此愈來愈多。

隔年保羅還把咖啡因養髮液送去參加荷蘭地區性的永續美妝產品評比獲獎，事後他告訴陳怡婷和葛望平：「上台領獎的那一刻很激動，原來我相信的事是真的……」

B2B轉進B2C　沙烏地阿拉伯海外第一彈

沙烏地阿拉伯代理商瓦利德．海里（Waleed Khaiary），是另一個意料之外的最佳伙伴。

他原是醫療器材代理商，從來沒有美妝品代理經驗，二〇一七年來台洽商時，他的妻子在台北百貨公司發現歐萊德專櫃，買了幾瓶回飯店試用後驚為天人，於是要求老公去拿下沙烏地阿拉伯代理權。

歐萊德國際直營事業處經理伍玉珠，當時輾轉接到專櫃小姐回報這個訊息，當下第一個反應是「沙烏地阿拉伯人？詐騙集團吧！」

但瓦利德不死心，一再打電話到歐萊德表達代理意願，還專程到桃園找葛望平長談，他說自己雖然沒有髮妝品行銷經驗，可是他認同「自然純淨環保」產品理念，認為綠色在沙烏地阿拉伯不只是好生意，更會為阿拉伯世界帶來全新的啟發。

當時沙烏地阿拉伯正逐步實施開放女權的系列政策，這讓葛望平思考，沙烏地阿拉伯離台灣雖遙遠，卻前景可期，歐萊德走進沙烏地阿拉伯，綠色品牌的核心價值更有發展空間。

不久後，瓦利德的歐萊德之夢終於實現。二〇一八年十月七日，在沙烏地阿拉伯首都利雅德市中心利雅德百貨（Riyadh Gallery），開設了歐萊德第一個海外專賣店，直接面對消費者銷售，讓歐萊德的海外市場，首度

葛望平（左二）受邀至沙烏地阿拉伯演講，
與駐外代表鄧盛平（左一）及當地醫界人士合影。

從原本的B2B轉進了B2C。

兩年多下來，利雅德的業績穩定成長，部分皇室成員和政府高層都是忠實顧客，二〇二〇年新冠肺炎疫情爆發時，沙烏地阿拉伯發生工業酒精中毒事件，瓦利德向台灣求援採購，歐萊德立刻緊急調度，費盡千辛萬苦，將獲得美國官方USDA Biobased生物基百分之百天然永續認證的乾洗手凝膠，空運一個貨櫃支援。

接受日本百貨業者邀請　開出海外第一家直營店

代理商模式成熟之後，歐萊德進一步突破，二〇二〇年夏天在海外首度開設直營店，一切由歐萊德自己來，不假手代理商。直營地點選在亞洲時尚第一大城市：東京，第一個直營專櫃設在有樂町丸井百貨，同時在新宿伊勢丹百貨上架。

新宿是東京血拚的一級戰區，伊勢丹更是日本美妝品牌爭相進駐的百貨公司，篩選品牌非常嚴格，歐萊德是台灣首家獲邀進駐的美妝品牌。

花若盛開，蝴蝶自來，日本兩處直營專櫃也是對方主動上門談合作。伍玉珠說，日本是一個美妝產品市場發展幾近飽和的地方，但伊勢丹和丸井兩家老字號百貨近年積極推動企業社會責任和改革創新，非常想嘗試綠色永續的新目標，他們先密集篩選幾個強調綠色的國際品牌，再專程來台嚴格檢視歐萊德的綠色產銷和行動理念，最後主動邀歐萊德設櫃。

二〇二〇年六月，東京兩家百貨的歐萊德專櫃在一週之內接連開幕，伊勢丹更免費開放一樓大櫥窗和設立快閃店為歐萊德綠色永續產品宣傳。

他們告訴歐萊德：「因為你們帶來的東西，是別人沒有的。」

另一方面，歐萊德也贏得國際媒體的推崇。二〇一四年英國金融時報與渣打銀行把第一屆企業社會責任獎的「台灣企業獎」，頒給了歐萊德。

美國CNN在二〇一六年專訪歐萊德，介紹這個台灣中小企業如何讓品牌從台灣紅到歐洲。

日本商業雜誌《Work Mill with Forbes Japan》於二〇二〇年夏天，製作後疫情時代專題，更特別訪問歐萊德，分享永續思維以及超前部署的因應措施。

如今的歐萊德在國際美妝展再也不坐冷板凳，二〇一八、一九年，波隆納美妝展甚至邀請葛望平演講，分析全球髮妝產業的綠色趨勢。

從二〇〇七到二〇二〇年，歐萊德一步步攻下全球四十二個國家及地區的市場，通路也從沙龍走向百貨專櫃，再到街邊店，現在已是全球知名的綠色永續美妝品牌。

「綠色、永續、創新」的歐萊德已閃耀在世界各角落，有台灣消費者在維也納聽歌劇，一出音樂廳，就發現路邊的美髮沙龍櫥窗有歐萊德洗髮精；有人在英國百貨公司櫥窗，甚至在立陶宛逛街時，也赫然看見沙龍店門前有著大大的O'right標誌。

「台灣品牌歐萊德」已成為一抹動人的景色，在世界的不同角落，一站一站的亮下去。

台灣師範大學環境教育研究所教授 葉欣誠：

從消費者開始

葉欣誠一直記得很清楚，第一次聽到「歐萊德」三個字，是在高雄一家小理容院。操著台語的理髮師傅問他：「這個牌子的洗髮精很環保喔，要不要試試看？」

那是很久以前歐萊德剛啟動綠色品牌改造的年代，葉欣誠也剛投入台灣的環境教育不久，在高雄師範大學環境教育研究所當教授。理髮師傅的推薦，讓他驚喜了一下：「台灣有企業願意做這種產品？」

用過之後，師傅告訴他：「這家歐萊德的洗髮精，只賣給髮廊，一般消費者買不到。」葉欣誠心裡有點惋惜，也很好奇這家企業的老闆用什麼樣的策略在做綠色生意？在台灣會不會成功？

之後幾年，環境教育在台灣一步步展開，葉欣誠是重要推手，還催生「環境教育法」的立法，二〇一二年他從學界轉任環保署副署長，早已知道歐萊德取得了碳足跡、碳中和等認證，而且得到很多國內外大獎，也認識了葛望平，很欽佩他積極爭取各種機會去展現歐萊德的綠色價值。

後來有一天，葉欣誠到環保署員工合作社買東西，意外發現原來合作社會幫同仁代購歐萊德產品，他很高興終於能買到歐萊德洗髮精，也進一步認識歐萊德在行銷上的B2B和分眾策略。

此後多年，葉欣誠一直是歐萊德產品的使用者，他更從消費者的角度分析認為，雖然歐萊德的產品價格比一般傳統品牌略高，但產品的內容「有這份價值」，像他幾年來一直習慣使用歐萊德一款造型髮泥，「用起來有點黏，但不會太黏，可以讓頭髮定型，但又不會太定型。」

這也是他投身環境教育二十年來不斷強調的：綠色品牌要成功，不是只做到綠色永續就夠了，更基本的核心是產品要「好用」，消費者才會願意埋單，才能支持企業永續經營下去。

葛望平常說，環境教育是歐萊德的靈魂，他用品牌做教育；同樣的，環境教育是葉欣誠一生的職志，他從學術界出發。三四年前，兩個人一度在德國法蘭克福機場巧遇，一個要去推廣綠色品牌，另一個則去參加永續論壇，揮一揮手，雖各自搭上不同的班機，天涯海角，綠色的心意卻一樣芬芳。

第八章

「我們有六百隻青蛙」

位於桃園龍潭的歐萊德綠建築總部大門口，清水混凝土的外牆，上方是歐萊德的商標和英文名稱O'right，第一個字母O，彷彿一顆綠色的地球，運轉著希望與未來。

這棟綠建築已成台灣綠建築和綠色品牌的標竿。葛望平希望讓總部成為環境教育館，在相關政府部門的輔導下，多年來一直是環境教育課程的熱門參訪建物，免費開放高中以上學校、企業、社區和團體參觀，並安排專人導覽。

截至二〇二〇年底，已有來自七十國、三萬人參觀過歐萊德綠建築，每個人都透過這裡的一桌一椅、一草一木，對綠色永續有了更深的領悟。

二〇〇六年推動品牌改造的初期，歐萊德公司承租桃園平鎮的一幢傳統廠房，但葛望平卻夢想著要蓋一幢綠建築做為總部。那時，公司一切都才剛起步，而且蓋綠建築的成本比一般工廠高太多。

起初一、兩年，他常常向人談起這個夢想，希望「讓綠色產品在綠色工廠製造」，但不論歐萊德內外，多數人都認為他只是講講而已，「歐萊德哪來這麼多錢？」

他不畏外人質疑的眼光，把這個夢放在心底，用呵護的心孵養著。

夢想不是為了放棄而存在

葛望平認為，窮，有窮的做法，夢想是為了實現而存在的，不是為了放棄。

他開始自學，先研究綠建築的設計和興建，爬梳資料、讀書、上課、學畫設計圖，向專家請益，還二度專程赴日本參觀安藤忠雄的建築設計。

不久後公司有了盈餘，二〇〇九年底，歐萊德在龍潭海拔三百公尺的半山腰買下土地，葛望平帶著員工觀察當地四季的日照角度與風向，先了解如何與大自然共處，再決定綠建築的設計。

隔年，葛望平畫出設計草圖，找建築事務所和營造商來討論和比價，當時歐萊德開出的預算一坪不到五萬元，每家建商都搖頭：「這個價格，蓋不起來。」

建築師和營造商更沒想過業主會自己畫設計草圖，都以為是競爭對手畫的，不斷嘲笑和批評：「畫得完全不對」、「一樓怎麼沒有門」、「房子又不平」……

葛望平豈會死心，他抱著草圖和模型一家家問，尋求各種省錢建築方案，並解釋自己的理念，最後找到第九家，終於有建築師願意合作一試。

二〇一一年，歐萊德總部正式動工，雖然力求省錢，但葛望平依然堅持完美，對每一個細節都不馬虎。

例如二樓辦公室空間，牆壁要採用清水模工法，呈現天然的砂石原色，但葛望平認為，乍看雖是一片灰，仔細觀察仍會發現砂石廠進的每一批砂石顏色有些微不同，他不願見到歐萊德有一片顏色不均的牆。

於是葛望平又專程去了砂石廠，拜託對方為歐萊德保留同一種顏色的砂石。砂石供應商本來不想理他，但眼見他一次又一次的去，終於被他的執著感動，最後完全配合，更表示「灌漿也要做色彩管理，這輩子我還是第一次聽到。」

因為窮，施工初期歐萊德的設計圖分為兩種版本，分別是「一樓版」

和「三樓版」。原來，葛望平希望能蓋到三層樓，但公司預算不夠，只能先蓋兩層樓，並預留三樓的柱子，等公司賺錢之後再加蓋三樓。

葛望平因此常常會緊盯公司業績「這個月有沒有賺錢」，有了盈餘，才有希望往上蓋。興建過程中，負責監工的也是歐萊德的財務長，他總是一面看著公司的財務報表，一面和建築師討論興建進度。

所幸歐萊德的業績亮眼，二〇一二年春天，綠色總部三樓順利蓋了起來，再等兩個月又賺了錢，才把三樓的ＬＥＤ燈全部裝妥，一千五百坪的綠建築終於完工。

老闆畫的大餅是真的

二〇一二年六月五日，綠建築正式落成啟用，很多一路幫助過歐萊德的伙伴和朋友到場參觀，每個人上上下下看完整個建築都很驚訝，更相信「歐萊德的綠色，是玩真的！」

多數企業雖然會把品牌信念落實在產品和服務上，但鮮少有人像歐萊德這樣，連總部建築都不放過，每一個角落、每一處設計，都閃著綠色永續的光。

葛麗英帶著長姐的心情，來看弟弟的夢想。她一路聽著葛望平的導覽，幾度眼熱：「我看見他實現了對我這個股東的承諾，也給了員工一個家，更讓企業的理念看得到、摸得到，向世人展現歐萊德的信念。」

她更想起，這就像從小父親教誨的「齊家、治國、平天下」，當走到頂樓時，葛麗英遙望天空，在心裡默默告訴父母：「弟弟做到了。」

歐萊德的員工們那天也忙著欣賞新家，他們從最底下的工廠，逐步往上走到辦公室、會議室及實驗室。

屋外吹進中庭的自然風，輕拂過每個人的臉頰，用相思木邊角料拼出的美麗辦公桌，散發著木香，他們輕聲喟嘆，心裡有著莫名的感動。

當最後走到大樓前方，聽見水聲潺潺，伴著蛙鳴響起時，很多員工不禁紅了眼眶：「原來老闆畫的大餅，是真的！」

綠建築一完工即取得內政部「台灣EEWH綠建築黃金級」認證，以及低碳建築聯盟的全台首座廠房類建築之「鑽石級低碳建築」認證。

建築中的每個細節，都有著歐萊德做為綠色企業的真心誠意，盡量減少能源的消耗。

例如在容易西曬的一側，做了很多伸出簷，阻絕陽光直曬，吹進屋內的微風清涼宜人。原來是因葛望平年輕時參訪寺廟，他很好奇出家師父為何夏天也不需吹冷氣，仔細研究才發現是因廟宇的伸出簷很長，營造出一種身處大樹下的環境，因此後來綠建築特別運用了這個概念。

這也正是歐萊德推動的環保精神，要取之於生活，用之於生活。葛望平認為，做環保不需要丟掉科學、文化和藝術，而是不掠奪並妥善運用大自然資源，找到平衡，共生共榮。

葛望平曾在校園演講時，有大學生挑戰他：「為了減少碳足跡，我們是不是不要回中南部看阿嬤？也盡量不要出遠門旅行？」他回答，做環保絕對不該走極端，「你去南部或旅行，可以搭乘大眾交通工具或共乘，這就是一種生活的環保。」

他強調，綠色永續從環保開始，環保不難，人們只需在生活中做一些微小的努力和改變，養成習慣，不要有那麼大的壓力。

就像幾年前為了買房子，他常去參觀各家社區建案，但除了看住宅，他一定會特別去觀察社區的資源回收場，了解垃圾分類是否落實。

後來他搬進新家，爭取加入社區管委會，把資源回收場擴大，讓家家戶戶的資源回收分類更仔細，現在他每天倒垃圾時，還會特別檢查社區的回收分類有沒有做好。

從設計來看，歐萊德結合自然環境，先參考日照方位和東北季風，調整建築的地基角度，形成風口，讓自然風可以徐徐吹進室內，一年有三百多天不用開冷氣。

不同於一般建築物的方正造型，綠建築外觀設計呈現凹字形，如此一來可以巧妙的擋住冬天寒冷的東北季風，並在夏季迎進大量的西南風。

讓鳥兒找得到去年在此棲息的樹

這棟綠建築，更把「師法自然」的精神發揮到極致。

更特別的是，大樓一樓沒有迎賓門，只有一排長長的階梯，一上階梯就直接進入二樓辦公室。這個曾被建築師嘲笑「沒有大門」的設計，有著葛望平的精密考量，他認為位在山坡低點的一樓區域可以保持恆溫，應該

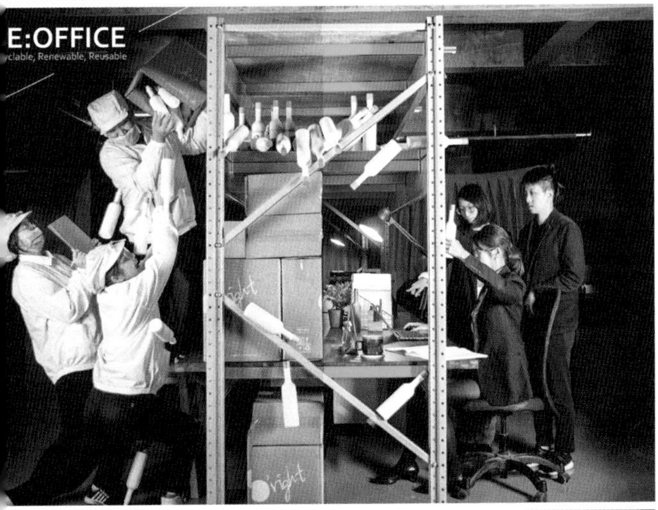

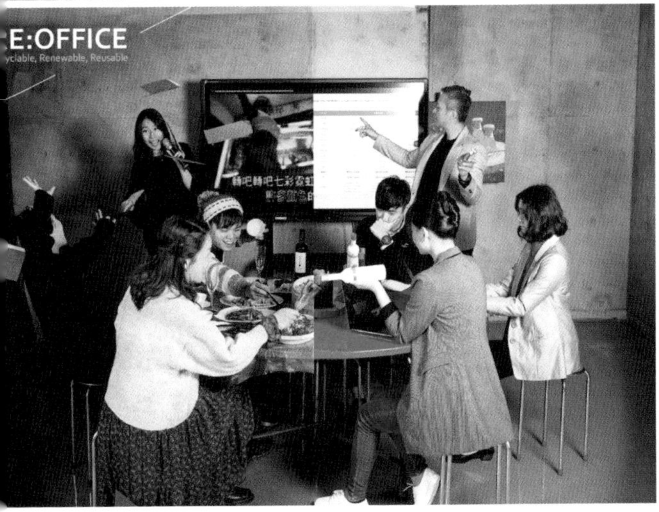

留給工廠使用，這樣可以減少耗能，達成節能和環保的目標。

走進二、三樓的辦公室區域，也讓人眼睛一亮，內部裝潢把許多回收材料變身再利用，物盡其用，展現歐萊德創新又顛覆的精神。

像是把裝運產品的大紙箱壓縮再製成座椅，廢棄路燈做立燈，倉儲貨架變成員工座位間隔，會議室用的是台灣民間「辦桌」常見的大紅圓桌和不鏽鋼椅。

綠建築的用水用電也有特殊設計，樓頂有風力發電機以及太陽能面板。另結合廢水處理，把製程用水和雨水回收再利用，創造噴灌系統，供

回收倉儲貨架當座位間隔、
大紅圓桌變身會議桌⋯⋯
辦公區的內裝充滿歐萊德獨一無二的巧思。

養殖與民生洗滌使用，讓水資源不斷循環淨化，辦公室入口處更打造了一整片的水簾幕，可以調節氣溫，也讓吹進辦公室的山風泛著陣陣涼意。

這裡更有蟲魚蛙鳥徜徉。頂樓的空中花園，沒有珍稀植物或昂貴造景，全是綠建築興建前就已經存在的植物，這是一個特別打造的鳥棲園，完全複製綠建築周遭原生鳥類棲息環境，以保有原生棲息地。

葛望平希望公司與大自然共存共榮。他在動工前要求建築師，一定要留下施工時需移除的植物，等完工後再種回：「讓今年在樹上休憩的小鳥，明年可以找到同一棵樹，回到原來的棲息之處。」

動工前他也曾在腳下看見青蛙，「這隻青蛙比我們早來，我們不能搶牠的家，希望綠建築完工之後，牠的子子孫孫可以繼續在這邊棲息。」

於是，歐萊德總部的一樓庭園，不但有數十棵大樹及無數保水植物，還有一片清澈的大池塘，歐萊德員工計算過，池裡約有六百隻青蛙，與魚兒自在悠游。

荒野保護協會前理事長賴榮孝二〇一二年到訪時，擔任行政院永續發展委員會委員，負責國家永續發展獎的評選，「我們幾個委員一走進洗手間，看到水龍頭，當場呆住了……」

原來歐萊德早在籌建總部之初，已仔細計算過未來的能源消耗，結果發現整棟建築一共需要四十個水龍頭，若採用傳統手動水龍頭，會耗費大量水資源。

後來一度考慮使用感應式水龍頭比較環保，又發現感應式二十四小時運作，當員工下班後，水龍頭仍處於耗電狀態。

葛望平拿起計算機仔細計算，他發現，一個感應器每小時耗電五瓦，四十個感應式水龍頭一年就需耗電一百七十五萬二千瓦（5×40×24×365），而實際上每天工時僅八小時，一年也只有兩百多個工作天。於是，歐萊德最後決定改用腳踩式水龍頭，當使用者踩下踏板，水龍頭才會啟動，是最省水省電、節能環保的做法。

賴榮孝說，那次的現場複評需要兩個小時，期間難免要上洗手間，歐萊德沒有刻意向評選委員宣傳水龍頭，「可是我們非常震撼，這個企業竟然把永續落實到最細微的生活小節裡，最後的決選會議上，全場無異議，歐萊德以第一名之姿拿下國家永續獎。」

綠建築落成後，歐萊德的綠色產品落實在綠色工廠生產，可以更精準的進行碳足跡管理，朝著碳中和的目標前進；二〇一四年，葛望平也因此有了機會，站上聯合國會議的講台，分享歐萊德的碳排管理經驗。

前進聯合國　分享碳足跡

二〇一四年聯合國亞太碳足跡網路研討會（Asia Carbon Footprint Network, ACFN Seminar 2014），在泰國曼谷舉行，這是一次集合亞洲區十四個會員組織舉辦的大型會議，並透過視訊，與聯合國其他會員組織分享企業對減碳的承諾。

ACFN是聯合國亞太經濟社會委員會（U.N. Economic and Social

Commission for Asia and the Pacific，簡稱ESCAP）東亞和東北亞辦公室（East and North-East Asia Office）的旗下組織，台灣雖非聯合國會員，但ACFN認為台灣推動碳足跡認證非常嚴謹，在亞洲居於領先地位，力邀台灣與會分享經驗。

經由北科大環境工程與管理研究所特聘教授胡憲倫的推薦，歐萊德以台灣企業代表的身分出席。胡憲倫是ACFN的個人會員，一直希望把台灣傑出的綠色成果推出去，讓國際看到，「歐萊德在追求綠色永續上的表現，正是值得我們推出去的，」他說。

而對葛望平來說，台灣退出聯合國已四十多年，他從沒想過自己能站上這樣的國際舞台。

研討會上，亞洲各國的領導型企業齊聚分享減碳做法，和歐萊德同一場演說的是日本企業代表日立（Hitachi）、韓國則派出樂喜金星集團（LG），都是大到不能再大的國際企業。

葛望平上台前想了很久，環顧周圍全是規模比歐萊德大上數十倍的企業，員工人數成千上萬，他不停思考自己如何出奇制勝，「有什麼是他們沒有，但歐萊德擁有的？」

那一刻，他的思緒飄回桃園山間那幢寄予無數心血的美麗綠建築，朦朧之間，清新的花草香彷彿輕飄過鼻尖，夏日午后嘹亮的蛙鳴依稀在耳邊響起，他的心靜了下來。

幾分鐘後，輪到葛望平站上講台，看著台下一家比一家大的企業品牌，他露出微笑，開口自我介紹：「我們的公司很小，員工只有兩三百人，但是……我們有六百隻青蛙！」

一陣陣掌聲和大笑在台下爆開來，「六百隻青蛙」的形容開啟了各大企業代表的高度興趣。

葛望平從歐萊德的綠建築侃侃談起，再細說如何從產品、包裝、認證等每一個細節展現綠色永續的品牌信念，達成碳中和的目標。

最後他更語重心長的強調：「I come from Taiwan，雖然台灣不是聯合國會員，但請聯合國給台灣一個機會，讓台灣年輕人一起參與推動碳足跡，為地球永續盡一份心力。」

這場演講，讓ACFN負責人、韓國的Sangmin Nam博士對歐萊德既讚賞又好奇，研討會結束後不久，他私下以民間企業的身分，帶著韓國企業團到台灣參訪歐萊德，當他站在歐萊德的綠建築前，此起彼落的蛙鳴聲也彷彿歡迎著他。

關燈為地球　不為老闆

省水、省電、節能減碳，對歐萊德員工來說，早已是和呼吸一樣的必然，更進一步的，是省下更多原本被視為必然、但其實可以改變的資源。

例如歐萊德不為員工印製紙質名片，全體員工一律使用電子名片，由公司統一製作。透過手機掃描QR Code，即可讀取員工的名片資料，包括姓名、職稱和聯絡方式（包括LINE ID、手機號碼）。

歐萊德部分辦公室也沒有電話機。隨著行動通訊的普遍，葛望平認為，社群、通訊軟體早已比電話來得便利，再加上社群和通訊軟體可以同步傳達文字、影音和圖像，因此沒有必要使用電話機。

對員工來說，這一切成了理所當然，許多人的桌上早已沒了電話機，問他們會不會不方便，幾乎每個人異口同聲：「習慣了啊，沒有電話就有不用電話的方法，工作上從來不是問題。」

葛望平很珍惜這樣的「綠化」，他很自豪，歐萊德每一個人都會自然而然的在生活小節中實踐環保，為綠色永續儲備能量。

他很難忘有一次，下班時走出辦公室，正好看到一位高醫大香粧品學系的實習生幫忙關掉辦公室的燈，他很高興的稱讚對方「很棒」。但沒想到，這個二十歲出頭的小女生只淡淡的回他一句：「我不是幫你關，我是為地球關。」

葛望平沒再說話，心裡卻高興得快要唱起歌來，因為「以後她到哪裡都會隨手關燈，而不是只為了應付老闆！」

一扇窗　看見更寬廣的世界

綠建築，是企業文化和品牌精神的具體呈現，背後更有著葛望平把夢想化為現實的動人過程。

在這一千多坪的綠建築裡，有一個角落，是他常去沉思的地方。那是室內的樓梯間，特別設計在上方開窗採光，讓自然光照入，再加上玻璃吸熱，空氣往上對流，底下開門便可通風，十分涼爽，打造出建築裡的「微氣候」。

這扇窗有一個特別的名字——「Jerry之窗」。

Jerry是已逝的精品品牌協會前會長、BenQ（明基電通）副董事長王文璨的英文名字。在葛望平心中，王文璨曾啟發他用生命去做品牌，是改變他一生的恩師。

二〇一〇年綠建築動土時，王文璨是葛望平唯一邀請到場的貴賓，當時他承諾等完工落成時一定會再來，但沒想到二〇一二年春天、綠建築落成前兩個月，王文璨在陽明山騎單車發生意外，導致腦溢血過世，來不及看到歐萊德的綠建築啟用。

王文璨的驟逝，讓葛望平滿心遺憾與悲傷，決定把這扇樓梯間的窗命名為「Jerry之窗」，是懷念，更是感謝。

多年來，葛望平遇到挫折而心煩的時候，或因得獎而開心的時候，都會獨自走到這個樓梯間。

他會仰望窗外的天空，任陽光灑在肩頭，感受靜謐中流動的微氣候，在心裡默默告訴王文璨：「謝謝你為我開了一扇全新的窗，看見更寬廣的世界。」

他更向王文璨承諾，窗外的藍天已愈來愈遼闊，歐萊德的品牌，會飛得更遠更高。

第九章

你的品牌信仰是什麼？

在綠色改造之前，葛望平對於「品牌」的認識，是來自於投入台灣髮妝產業多年，很清楚部分知名外國品牌的產品其實來自台灣代工，但因為有了「品牌」加持，身價總能翻倍漲。

決定改造為綠色品牌之後，他開始思考「品牌」的意義是什麼。

做品牌只是為了賺錢嗎？

台灣精品品牌協會（TEBA）的前會長王文璨，打開了他對於「品牌」的視野。

葛望平一面自學，一面加入精品品牌協會，他大步邁向品牌的世界，走得更快，也更遠。

在精品品牌協會，葛望平展現積極的求知欲與企圖心，二〇〇七年參加協會舉辦的「品牌明日之星」競賽獲獎，成為TEBA重點培育的品牌種子。

那時TEBA會長是王文璨，他在二十多年前促成Acer品牌改革、站穩歐洲市場，後來創立BenQ，有著豐富的品牌戰績，對國際市場提出的品牌策略精準到位，更不遺餘力扶植台灣本土品牌，被譽為是台灣的「品牌教父」，更是葛望平非常景仰的業界前輩。

王文璨很看好這個創業不久的「明日之星」，一開始就對葛望平丟出大哉問：「你的品牌信仰是什麼？」

用品牌帶動團隊　形塑企業文化

葛望平很震撼，但他毫不猶疑，立刻回答「綠色、永續、創新」。王文璨點點頭，微笑中帶著嚴肅：「那就勇敢的去看世界，更要有強烈的念頭，帶著你的信仰，傾注一生去做品牌。」

王文璨的鼓勵，如暮鼓，如晨鐘，深沉卻又清亮，一聲一聲的敲中葛望平的心。

他下定決心，一生懸命做品牌。

葛望平開始用一個又一個的問題挑戰自己，關於品牌的What? Why? How?

他發現，很多人以為品牌是表面的「形象」，但其實沒有那麼簡單，品牌有更深層的意涵，是價值主張的表徵，是企業的核心理念；歐萊德要做品牌，不是為了提高產品的價格，「而是要讓別人認識我們的綠色價值主張，不是形象而已。」

他為歐萊德勾勒願景與定位，要走一條和其他中小企業不一樣的路，歐萊德不做代工，而是要做台灣最優秀的髮妝品牌，但原料更好，對地球更友善。

葛望平同時仔細觀察別人怎麼做品牌，深深體悟出台灣品牌必須奮發圖強，但台灣的文化、藝術、時尚要超越外國並不容易，綠色反而可以是一個起點，一個機會，一條新的路，而且是會被認同的未來。

另一方面，做品牌也是為了帶動整個企業團隊。

葛望平決心用品牌去引導企業，他想得愈來愈深，「對綠色這件事，要找出最有意義、最認同、最嚮往的做法，要不斷思考，更要訓練自己改變、同仁改變，這樣的企業品牌，才能表現我們的價值主張。」

在歐萊德，品牌是溝通、是符號、是目標、更是背後的決心，逐步形成企業文化，每一個員工都和品牌有關。例如綠建築總部正是一種文化，在這裡，從洗手間、辦公室，到自然的穿堂風與屋外的鳥語蟬鳴，每個員工在生活體驗中，建立起綠色文化。

為了企業文化和品牌精神，葛望平非常嚴格，連小細節也不放過。

二〇二〇年八月的某一天，天氣很熱，葛望平進公司上班時，無意間在三樓樓梯間發現一片手指長的小紙屑，這在歐萊德是很罕見的事，他特別繞著紙屑看了一圈，決定要觀察一下。

到了中午，他又走到樓梯間去看，紙屑還在，只是角度稍有不同，「有人路過時踢到了，卻不肯撿起來，」他想。

下班前他第三度去樓梯間，沒想到紙屑依然文風不動，他有點生氣：

「一整天人來人往，就沒有一個人願意彎下腰嗎？」

第二天上午一上班，葛望平仍惦記著這張紙屑，再走去樓梯間，紙屑竟然只是被踢到旁邊；他沉下臉撿起紙屑，霎時間，一把火由心上起：「撿一下有那麼難嗎？難道所有人都認為這只是打掃阿姨的事？」

不久後，他把這件事告訴幾位主管：「魔鬼藏在細節裡，整整一天一夜，沒有一個人肯撿，紙屑不撿也許是小事，但這些微小的事，反映著每個人的價值觀，我們的員工不應該這樣。」現在，全體員工每週共同打掃環境，已成為歐萊德的文化之一。

綠色、永續、創新、窮

葛望平念茲在茲，他常告訴員工：「文化就是你的態度、表徵、行動、決策，乃至日常發生的事。品牌的建立，必須融入生活和體驗，公司

葛。雨露。。

品牌理念溝通的「四軸八向」：

理性與感性兼具的產品，
傳遞有形與無形的價值，
產生直接與間接的影響，
改變現在與未來的可能。

要建立企業文化，要讓價值主張表現在對所有事情的態度上。」

歐萊德的品牌信念是「綠色、永續、創新」，葛望平常自嘲：「其實還有另一個字——窮！」

但歐萊德這支地方球隊即使窮，也從不對世界盃怯戰。

為了追求自然、純淨、環保的產品成分，歐萊德從設備、原料、研發、製程到包裝，都投入高額成本。歐萊德參加各種環保永續相關獎項時，常有評審忍不住問葛望平：「投入這麼多成本，你們還有賺錢嗎？」

他總是揚起嘴角驕傲回答：「有賺，因為我們設法從別的地方省。」

品牌社群行銷　董事長當小編

歐萊德打造品牌，有著「窮則變、變則通」的靈活特質，遇到難關和挑戰時，員工團隊擅長換位思考，快速調整策略，另外開出一條路。

最明顯的例子是行銷。

品牌改造初期，為了開發8free產品，歐萊德研發部門實驗失敗很多次，投下的成本很高，葛望平於是立下規則，「做品牌的前十年，沒有行銷費用，不做任何廣告投播。」

他主張做好「內容」就是一切，省下行銷成本，改成綠色成本。

沒有預算的行銷部門被訓練得非常靈活，改從社群和口碑著手，發動公司上上下下全員行銷，每個人積極利用網路社群傳遞品牌相關訊息，業務部門更會動員沙龍設計師，全力協助建立品牌口碑。

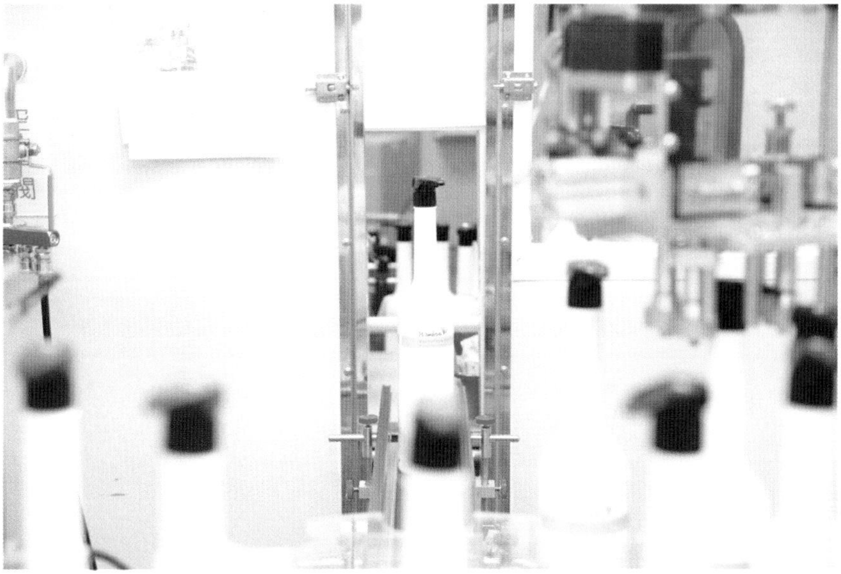

歐萊德從設備、原料、研發、製程到包裝都投入高額成本，
只好省下投放廣告的費用，全公司上下積極運用社群和口碑行銷。

歐萊德更會運用產品本身來帶動行銷。

例如旗下的「花草盒」，乍看只是普通的保養品包裝紙盒，但每個紙盒都使用森林管理委員會（Forest Stewardship Council, FSC）認證的永續森林用紙，可以自動分解回歸大地，之前盒內更嵌入用農業廢棄物甘蔗渣和茭白筍殼做成的「種子紙」，紙片間還有手工塞入的當季花草種子。

這片種子紙對沙龍設計師客戶有一種神祕的吸引力，他們總是迫不及待把種子紙埋進土壤，很好奇會長出什麼，直到一、兩星期後種子抽芽、長葉，有些開出姹紫嫣紅的波斯菊，有些是芳香的羅勒葉，讓設計師們非常驚喜，紛紛拍下相片放上臉書等社群平台分享，為歐萊德創造了免費的行銷效果。

葛望平也積極投入社群行銷，晚上下班回家後，他總是一一搜尋整理客戶上傳的相片，重新下載、編輯後，再上傳到歐萊德的社群帳號，有時相片一多，他還會忙到深夜。

員工勸葛望平不必這樣親力親為，但他很堅持行銷是歐萊德每一個人的責任，「即使是董事長，也應該來當小編！」

打出國際水準的地方球隊

葛望平休假在家時，偶爾會看看電視上的球賽轉播，但他看球的重點不是得分與輸贏，也不大留意某一個球員跑壘揮棒或運球上籃，而是仔細觀察全場球隊的戰力部署，以及教練的運籌帷幄。

他邊看邊思考，如何把球隊的調度運用在企業的員工管理上，打出一場漂亮的勝仗。

葛望平領悟出一套球隊理論，認為公司必須像是職業球隊，會面臨淘汰競爭，需要客戶支持，成員要各執所司，發揮專長團隊合作，而為了達到績效目標，成員上場、下場、徵聘、釋出，都是必然。

只不過，葛望平也知道歐萊德員工是「地方球隊卻要打出國際隊的水準」，雖是身處台灣鄉間的小企業，卻要挑起世界一流的產品水準，以及國際級的工作內容。

例如一般中小企業可能只有兩三種ＩＳＯ，但歐萊德工廠有多達十個，一個品管部門就要負責十個ＩＳＯ。

更因為歐萊德總是走在別人前面，很多創新和研發前無來者，他們沒有前例可以依循，必須花更多時間和心力去摸索、研發和實驗，也因此承受更多的失敗和挫折。

「我每次想要創新時，他們就很可憐，這個過程很難、很漫長，他們真的不容易；我心酸時，他們比我更心酸，他們多難啊……我都告訴他們，『我發脾氣時，請你們忍一忍』，」一向不太吐露挫折失意的葛望平，談到員工的付出，心中有感激，也有感動。

有了碳足跡，就可以多賣幾瓶洗髮精嗎？

在歐萊德的企業文化裡，員工團隊對於如何做品牌的學習，更是永無止境。

歐萊德持續為員工安排各種課程，從配方、生產到行銷、趨勢、法規，因為只有透過學習，品牌才能持續創新。

葛望平常說：「我們總是跨過一座山之後，又看到另一座山。」也因此，在歐萊德，工作無他法，就是「學習、學習、學習……」永遠是一種進行式，不能停歇。

這種文化，也早已被內化成員工團隊的一種DNA。歐萊德副總蔡倉吉記得，約莫是二〇〇九年，研發和生產部門漸上軌道，「有一天老闆去參加一場碳足跡的研討會，回來之後找了幾個主管開會，當場宣布要做碳足跡，大家全傻眼，你看我、我看你……」

「我心裡很納悶，碳足跡是什麼？有了碳足跡，就可以多賣幾瓶洗髮精嗎？」

但蔡倉吉沒多問，也沒有反對，他很清楚，在歐萊德就是要學，每個員工各司其職，分頭去學習與綠色永續相關的不同面向，「再不懂的，都要弄懂。」

國際代理事業處的前協理狄暹甯（Nathaniel Dick）是歐萊德的外籍主管，前一份工作是從事廢水處理，二〇一七年進入歐萊德之後，從頭開始學碳足跡、碳中和。這幾年他陪著葛望平參加大大小小的國際美妝展和比賽，每次在國外和競爭廠商聊起綠色永續，頭頭是道，卻發現九成以上的外國人都對碳足跡一臉茫然。

「我心裡總是想，他們都沒學過嗎？公司都不給他們上課嗎？」他攤攤手很不解：「沒有學習，連碳足跡都不懂，怎麼做綠色永續的品牌？」

但他心中也竊喜，自己選對了一支一流的球隊，有著扎扎實實的學習，在每一次的競爭裡，可以昂然不敗。

歐萊德副總經理 蔡倉吉：

被老闆嚇大的副總

在歐萊德的員工心中，蔡倉吉是最「元老級」的高層主管。他二〇〇六年七月進入歐萊德，到職的第一個月，每天都在想「還要繼續待在這家公司嗎？」

蔡倉吉當時本來有另一個紡織業的工作機會，月薪還比歐萊德多一萬元，但他深知紡織業的作業環境汙染多，心想「化妝品業一定比較好，可以在辦公室吹冷氣，味道也會很香……」，但不料一進歐萊德上班才幾天，就發現公司缺人也缺錢，他最主要的工作只是在工廠「貼貼紙」——在歐萊德瓶身原本的橘色標籤上，改貼綠色新標誌。

幾天後，即將離職的內料調配工程師把工作交接給蔡倉吉，臨走前問他：「公司發不出薪水，所以讓我入股百分之二，價值一百萬元，你願意接手我的股份嗎？每個月要從薪水扣一到兩萬元……」蔡倉吉「喔」了一聲說：「好吧！」

後來他一直不明白，自己到底為什麼敢接下這百分之二？但心想既來之則安之，於是從頭學起髮妝品的研發，花了半年時間，天天在廠房測試各種配方、打樣品，同時詳細記錄每一個細節，包括原料特性、投料順序和打樣成果等等，既是自己「練功」，也是要為歐萊德奠定研發、生產和品保的基礎。

這一切，葛望平都看在眼裡，二〇〇七年起，蔡倉吉成為他最重要的伙伴之一，之後的十餘年，從推動8free到各種認證，還有設立廠房、實驗室，每一個過程都有蔡倉吉的身影。

不過，蔡倉吉不時會被葛望平嚇到。他坦言，當年向葛望平提出8free的想法時，他只是說「有機會」做得到，「老闆馬上就對外宣布我們要生產8free……」他捏了一把冷汗，但也只好拚命把「有機會」變成「一定做得到」。

還有一次，葛望平急著推出洗髮精促銷活動，但偏偏洗髮精重要原料之一的賦脂劑庫存不足，而且蔡倉吉又堅持要用百分之百通過驗證的賦脂劑，供應商回報至少要等兩個月才能自美國到貨。

蔡倉吉被葛望平罵了一頓，但他反問葛望平：「沒原料就是沒原料，難道為了配合促銷，我們要用沒驗證的賦脂劑嗎？」結果被罵得更兇……

二〇一四年，歐萊德要設立第一個實驗室，蔡倉吉拿了設計圖給老闆，葛望平第一個反應是「好醜」，然後堅持「我改用物廉價美的家具蓋給你」。等實驗室做好時，他很得意的告訴蔡倉吉：「你看我花一樣的錢，蓋得比你的美多了。」蔡倉吉偷偷翻了白眼回他：「嗯，你這廚房蓋得不錯……」

結果不久之後，幾張好看的平價桌子，因為不是實驗室專用的材質，桌面已凹凸不平，所幸不影響功能，但蔡倉吉已在心裡偷笑了很多天。後來再成立的兩間實驗室，他不肯再讓葛望平看設計圖，直接先發包再說。

結果，他當然又被葛望平唸了一頓：「有夠醜」，但他笑笑回答：「專業的東西，還是要聽我的……」這一次，換成葛望平翻了一個大白眼！

葛望平用品牌帶動團隊、形塑企業文化，
歐萊德的每一個員工都能在生活體驗中落實綠色永續的精神。

第三部

創造典範

第十章

不要只有我一家好

投入髮妝產業大半生，葛望平接觸過大大小小的美髮沙龍店，年輕時做業務員，有一陣子還在沙龍店學洗頭，希望親身體驗客戶的工作細節，才能掌握需求，提供更好的產品及更細緻的服務。

當時台灣的美髮沙龍店都是坐式洗頭，和現在常見的躺式洗頭大不同，葛望平每次都會搞到洗髮泡沫往下流，差點弄濕客人的衣服。

他很驚訝，原來看似簡單的工作，需要高度的專業技巧，也才明白，為什麼常看到剛入行的洗頭助理挨罵，「那些洗頭妹妹總是躲在角落偷哭。」

葛望平很感慨，在沙龍從洗髮到吹乾、做造型，還加上簡單的頭肩頸按摩，至少要四十分鐘到一小時，但平均收費不過一百元到三百元，專業的人工服務不該如此廉價，更何況還有水電費、店租等固定成本。

他也很喜歡和髮廊或沙龍裡的設計師聊天，常常一面聊，一面學習這個產業的諸多細節，同時觀察他們有什麼需要，自己又可以提供什麼。

很多時候，他會瞄到設計師泛紅的手，有的甚至龜裂脫皮。有些設計師會不斷塗抹護手霜，但因雙手多數時間接觸清潔品，護手霜能發揮的效果有限。

十年後葛望平創業成立歐萊德，再過四年推動品牌綠色改造，他總是不時想起一雙雙泛紅或龜裂的手，那也許只是一件生活小事，但他知道，如果一家小公司能夠因改變和創新而翻轉命運，把它擴散到整個產業，就能夠創造更多改變的機會。

台灣美妝品牌聯盟　要打世界盃

二〇一六年，投入品牌改造的第十年，歐萊德已站穩腳步，在台灣的沙龍通路和國際市場都交出漂亮的成績單。葛望平常受邀分享歐萊德的綠色品牌經驗，更開始思考整個美妝產業的未來，台灣產業團隊要如何一起去打世界盃。

這一年的夏天，外貿協會也有相同想法，籌組台灣美妝品牌行銷聯盟，希望集結高附加價值、非代工的台灣美妝廠商，合作拓展國際市場。貿協更希望，從品牌著手，用團隊力量把台灣品牌推上國際，不要再走代工老路，才能帶動美妝產業升級。

當時很多人不看好，因為美妝業者彼此之間都是對手，誰也不服誰，怎麼可能合作組成聯盟？

但負責的貿協高級專員嚴麗婷不死心，她透過管道先找到葛望平，第一次見面就談了四小時，葛望平答應加入，更答應一定挺到底、幫到底。

嚴麗婷說，「葛董讓我吃了定心丸，」因為歐萊德是台灣美妝產業做品牌的領頭羊與模範生。接下來她去邀其他化妝品牌，「我都會強調歐萊德已加入聯盟，其他老闆一聽，二話不說，馬上點頭也加入。」

後來聯盟順利組成，十多家美妝品牌參與，知名的Dr. Wu、森田藥妝、我的美麗日記、雪芙蘭等全是成員。

不久後，聯盟成員組團赴東南亞開拓商機，團長是葛望平。

嚴麗婷說，台灣多數美妝品牌的外銷市場在亞洲，在歐美市場也鎖定華人客層，但歐萊德行銷國際的目標是歐美高級市場，客層是各色人種，和別家品牌的目標完全不同，「其實我知道，葛董大可不必去東南亞。」

然而，葛望平不但去了，出發前，身為團長的他還自掏腰包買伴手禮，抽出兩天，專程帶著嚴麗婷跑遍台灣，逐一拜訪十一家團員廠商。

他告訴每家品牌的老闆：「我是團長，這趟要幫你們Promo（推銷），提供我三句Slogan（廣告標語），讓我認識你們的品牌，幫你們推出去。」

一旁的嚴麗婷非常震撼，深刻體會了歐萊德的「不藏私」精神，葛望平不只要自己好，也願意拉著別人和他一起好。

拜訪團員廠商的第二天中午，嚴麗婷和葛望平要從淡水趕到彰化，連午飯都來不及吃，兩人提著便當和伴手禮大包小包趕高鐵，汗水淋漓，便當提袋還破了，又累又狼狽，但上了車一看到有小孩，葛望平馬上讓座。

「我當場眼淚掉下來，就是看到兩個字——無私，一個董事長願意做到這種地步……」看過太多企業家的嚴麗婷，至今提到這一幕，依然感動無比。

之後，東南亞開拓之旅終於成行，全團都是美妝品牌老闆，葛望平出發第一天一上車就告訴大家：「我們不是敵人，走出台灣，外面的市場很大，我們要團結起來推廣台灣品牌，一個品牌紅了，整串台灣品牌都會被拉起來。」

一路上，嚴麗婷更發現，東南亞之行，葛望平完全不是為歐萊德，而是把美妝品牌聯盟當「學員班」，不斷分享歐萊德做品牌的經驗，告訴其他廠商如何傳遞品牌理念、如何行銷國際、如何創新研發。

在貿協輔導中小企業外銷工作多年，接觸過很多企業家，嚴麗婷說：「像他這麼無私的，我沒有看過第二個。」

走在前面的人

十多年來飛遍世界各國，每次在外國的機場，葛望平總會仔細研究免稅店的商品，但不是為了採購，而是學習與探索。

他會非常認真的觀察架上有哪些外國品牌，思考為什麼他們被選中，並體認台灣品牌一定要走出去，和世界競爭。「台灣其實有實力也有機會，就像瑞士巧克力，在每一個國際機場被當成伴手禮，有朝一日，我們的鳳梨酥也要被放上巴黎機場的貨架。」

對美妝產業的心情更是如此，歐萊德參與貿協的台灣美妝品牌聯盟，背後動力正來自一份帶動整體產業改變的執著。

葛望平認為，化妝品是台灣值得期待的下一個千億產業，必須讓產業的品牌升級，讓更多同業建立國際觀，把眼光打開，去擁抱世界。

他說：「如果我是一個走在比較前面的人，為什麼不帶著別人一起走，一起看得更高更遠？」

品牌聯盟前進國際的那幾年，歐盟實施ＰＩＦ制度（Product Information File，化妝品產品履歷），這是化妝品在歐盟註冊時的產品規格細節內容，相關規定既細且嚴，廠商必須提出產品一切成分（含包裝、上游原物料等）的安全驗證報告，台灣品牌若要進入歐盟銷售，常常一個產品就要提出兩、三百頁的報告。

當時歐萊德已取得ＰＩＦ，品牌聯盟回台後不久，多家廠商討論起ＰＩＦ很難申請，葛望平又跳出來：「我請同事幫大家開課。」於是由歐萊德提供講義、場地、茶點，扎扎實實教會其他同業如何取得ＰＩＦ。

葛望平還告訴嚴麗婷：「不要只有我一家好，大家一起來往歐洲跑，歐萊德有經驗當然要分享，讓大家少碰撞、少跌倒。」

讓法律保護品牌　公部門也是伙伴

帶著品牌征戰國際，歐萊德也善用外部資源，強化力道，經濟部智慧財產局就幫他們打過一場漂亮的仗，更為台灣品牌爭取權益立下了範本。

歐萊德創業初期因為規模不大，沒有太留意智慧財產權保護，後來葛望平在中國大陸推廣時，竟發現市面上出現仿冒歐萊德的產品，於是決定要在中國註冊商標，保護自家品牌。

可是，歐萊德幾度申請商標註冊和企業登記申請，都被中國大陸官方拒絕，理由是歐萊德的中文商標與法國知名化妝品集團旗下的品牌名稱相似且是相同產業，「容易產生混淆」。

葛望平想在中國大陸打商標官司，但有人傳話給他，要歐萊德放棄：「人家是馳名公司，你們不會贏。」

現任經濟部長、當時的智財局局長王美花，看見葛望平在臉書上講述遇到的困境，主動打電話來詢問。他對王美花說：「歐萊德只是一個小企業，不知政府肯不肯幫忙？」

王美花沒有多想，馬上允諾：「小企業有什麼關係？我們來試試。」局長的承諾沒有跳票。智財局循「海峽兩岸智慧財產權保護合作協議」介入輔導，建議歐萊德彙整歷年來的產品創作、參展與銷售紀錄，向

我所處的化妝品產業裡，
要盡到負責任生產的環節之一，
就是使用非石化來源的原料與包裝。

葛。雨露。。

大陸官方證明產品設計、理念與外觀都和法國商標完全不同，並證明歐萊德中文商標是以英文譯音直翻中文的結果，與法國知名大廠完全不同。

最後，在智財局居中調處下，歐萊德兩個月內便完成在中國大陸的商標和企業登記，一掃碰壁多年的陰霾，打贏了中國大陸市場的品牌商標之戰。

多年後回想這一仗，葛望平難掩驕傲的說起一段插曲。

原來歐萊德當時是在上海設立公司和註冊商標碰壁，協商過程中，他改赴北京與中國工商局官員商談，談妥後，北京官方要求上海市府重審，卻被上海官員拒絕。

當時工商局官員很生氣，葛望平在旁聽到官員打電話警告上海：「歐萊德是非常重要、深受台灣人民喜愛的品牌，你們如果不好好重審，傷害兩地人民感情，你們就要負全責！」

這次經驗讓葛望平上了一課，中小企業面對全球化的競爭，要了解政府的職能，善用外部資源，主動爭取協助。

「而且只要我們站得住腳，就可以小搏大，不必讓步，對手是再大的企業，再兇的官僚都一樣！」他說。

除了和同業分享經驗，歐萊德更願意讓合作廠商同享榮耀。

大豐環保科技公司與歐萊德合作生產再生瓶，感受最深。大豐副董事長洪勝裕說，每次歐萊德在國外拿獎，大豐都與有榮焉，尤其「他們每增加一個外銷國家，就是大豐的名字也多去了一國家。」

因為，歐萊德每一支再生瓶產品的瓶身，都印著大豐的公司標誌「DF」。

這個「DF」來自大豐的提議。大豐科技襄理洪健翔說，那時大豐做高階再生料剛起步，「努力了很久終於成功，於是想曝光一下，試著問歐萊德能不能讓再生瓶打上大豐的Logo（標誌），但心裡也很忐忑，我們這樣沾人家的光好嗎？」

沒想到葛望平立刻答應：「讓綠色供應鏈的伙伴一起發光發亮，當然好！」

此後，大豐做再生料的名氣愈來愈響，國際大廠的訂單也不少，這讓大豐更珍惜歐萊德的慷慨分享。

外貿協會高級專員 嚴麗婷：

四個一小時

貿協有意成立台灣美妝品牌行銷聯盟時，負責全案的嚴麗婷，一開始邀約各家美妝公司連連碰壁，她只是個小專員，很多老闆根本不想理她，包括葛望平。

嚴麗婷當時對美妝產業並不熟悉，她先做了很多功課，了解各美妝品牌的特色，對於歐萊德推動綠色永續和行銷國際的成果非常敬佩，於是透過臉書留言給葛望平，表示想前往拜訪，但一直沒等到回音。

但她不放棄，又找到臉書上葛望平和她的共同朋友，請朋友幫忙引薦，兩天後葛望平祕書的來電：「董事長願意和您談一談，但只有一小時，他後面還有很多行程。」才一小時？嚴麗婷有點小傷心，但她安慰自己「有見就有希望」。

沒想到一見面，葛望平和她談了「四個一小時」，後面的行程全部取消，窗外從日頭炎炎轉成了晚霞滿天。

那天下午，嚴麗婷開口只說了幾句話，葛望平已感動。眼前這個侃侃而談的貿協專員，燃燒著和他相似的熱情和熱血，她推品牌聯盟不是為個人或特定企業，而是為國家和整個產業，「我一聽就心動了，因為我最喜歡改變，最想要帶動產業變革。」

葛望平更直言：「我會願意加入美妝品牌聯盟，是因為她。」

他說，看到貿協有這樣的心意要團結各家業者打世界盃，還有這樣肯衝肯拚的專員，歐萊德怎能袖手旁觀？

而對嚴麗婷來說，既然身為貿協的一員，就對中小企業有責任，貿協推動美妝品牌聯盟的路上雖跌跌撞撞，但她從來不去多想，總是告訴自己睡前歸零，明天再試。就像當初即使被葛望平「已讀不回」，她也絕不退縮。

為了讓台灣品牌走出去，葛望平曾在歐洲的美妝大展飽嘗冷眼與奚落；為了推動台灣廠商打一場團體戰，嚴麗婷遇過一次次拒絕。但因為堅持不懈，不論董事長，還是小專員，都為台灣美妝產業播下了種子，將在世界舞台茁壯成林。

第十一章

做好企業比做大企業重要

身為綠色企業，歐萊德的服務對象不只是消費者，更全面放大到對社會與對環境的服務。每年舉辦「60+ Earth Hour 地球一小時」關燈、種樹、淨灘等三大CSR（企業社會責任）活動。

葛望平說，CSR是企業對外最好的溝通工具，是企業對人類、社會和環境的關懷與承諾，也是大家支持企業品牌的理由。歐萊德做為社會企業，就要在產品和服務中，為社會和環境找到解決方案，更要在每一個步驟實踐社會責任。

歐萊德曾獲得各種CSR大小獎項，在審查過程中，常有評審問到：「你們年年都在中小企業組，怎麼都沒成長到大企業？」

二〇一二年葛望平當選青創總會舉辦的創業楷模獎，二〇一八年成為國家品質獎的卓越經營個人獎得主，審查時都曾有評審提出疑慮：「和知名大企業相比，歐萊德好像小了一點……」

葛望平總是氣定神閒的回答：「做好企業，比做大企業重要，」他進一步解釋，快速擴張並不是歐萊德追求的重點，為社會和環境做出貢獻，才是歐萊德的目標，「我們的營業額雖小，但我們的影響力很大。」

全員投入60+關燈行動　比NPO還NPO

「60+ Earth Hour地球一小時」關燈活動，是歐萊德每年在台灣與NPO（非營利組織）主辦的全球最大型環保公益活動，這項活動是世界自然基金會（World Wide Fund for Nature，以下簡稱WWF）二〇〇七年在澳洲雪梨發起的全球性環境公益活動，藉由「關燈」行動呼籲大眾正視氣候變遷，關注環境問題，每年三月的最後一個週六，在當地時間晚上八點半開始，關上不必要的電燈一個小時。

二〇一一年，歐萊德先向WWF提出申請，爭取和荒野保護協會一起成為台灣「60+」的正式主辦單位。

WWF在全球各國授權的關燈主辦單位多是NPO，很少授權給企業，因此審查時特別確認歐萊德推動綠色永續的努力和成果，之後很快同意授權，而且一直持續至今，年年授權歐萊德。

歐萊德投入關燈，不是企業掛個名而已，而是公司全員投入人力物力，長達三個月的準備和動員，一面發動合作的七千多家沙龍店業者和設計師一起響應，一面號召政府、企業、名人和民間參與。

曾擔任策畫活動主要負責人的歐萊德前行銷企畫部協理王喬臻，曾在NPO任職，剛成為歐萊德員工時一度很震撼：「我的公司居然比NPO還NPO！」

為了號召民眾連署和名人響應，歐萊德自前一年便動員，邀請公眾人物協助拍照、拍短片呼籲大眾，還要連繫民間企業、政府部門等單位，一起在活動當晚配合關燈一小時，或支援其他宣傳活動。

其中，請藝人代言拍影片是最大的挑戰，員工們要上陣當攝影師，隨時待命，等候藝人工作的空檔，奔去拍公益宣傳短片。王喬臻坦言，在邀約過程中被冷眼、被拒絕，甚至被奚落的經驗並不少。

尤其因為不是民間公益組織，歐萊德的企業身分常被外界用放大鏡檢視，部分企業或名人就怕一旦響應之後，會變成為商業利益背書。

更曾有藝人的經紀人開口直接問：「你們是賣洗髮精的吧？要我們拍短片，代言費怎麼算？」

但歐萊德員工體內流著不畏艱難的熱血，願意承擔這些懷疑和檢視，並堅守非商業的立場，每一年的關燈活動中，都不會宣傳自家品牌，也不提商品。

低調主辦　鮮為人知

「我們絕不消費公益，也盡量用一次次真誠的行動，化解一切為難。」王喬臻非常堅定，一年又一年的關燈，歐萊德團隊已練就出無比的韌性。

葛望平一開始便定位得很清楚，關燈行動和賣產品毫無關係，也不要捐款。他說：「從來沒有想用60+提升知名度，歐萊德連搭配的促銷活動都沒有，只要能引導社會大眾珍惜地球，就夠了。」

例如活動期間，台北捷運有彩繪車廂宣傳關燈行動，滿滿一整個車廂的北極熊和企鵝圖案引人注目，費用是歐萊德負擔，但歐萊德的名字只隱身在最底下的小角落。

前幾年台北一〇一大樓關燈時，大樓外牆亮起的「60+」LED燈光，費用也是歐萊德負擔，但外界鮮有人知。「我很清楚，台灣只有極少數人知道60+是歐萊德主辦，但這無所謂，」葛望平說，眉宇間雲淡風輕。

他親力親為宣傳60+，許多企業界人士親眼見證過他的執著。

在一次歷屆青創楷模獎得主的聚會和演講場合，出席者都是企業家，大家陸續報到進場，會場門口卻有一位戴著黑框眼鏡的企業老闆，手上拿著黑底白字的小方板，上頭寫著：「60+我要響應」。

那是葛望平，他親上第一線，熱切有禮的拉住每一個進場的人，用最

葛。雨露。。

沒有人是永恆的，
為自己，也為下一代留下美好，
讓你我的生命更加光輝燦爛。

快速度介紹「60+」，爭取企業家們響應。每個人聽完他的說明都頻頻點頭，願意支持這個熱情真誠的企業家，更欣然接過小板子開心拍照，讓大家上傳相片到60+的網路社群。

十年的真心無悔，也一點一滴換來信任與支持。許多名人、藝人都已是關燈行動的長期響應者。

以藝人黃子佼為例，從二〇一五年起，年年自願出任關燈晚會的主持人，而且認真了解活動的意義，支持綠色永續，還在社群網站積極分享。

政府部門和企業的響應也持續增加。許多縣市首長、民代，都曾參與

許多名人都是60+的長期響應者，
藝人黃子佼更是積極投入參與，
不遺餘力。

拍照響應，呼籲全民支持這場節能減碳愛地球的盛會。

職棒開幕戰　關燈代替煙火

體育界、藝文界的聲援更多。二〇一六年職棒開幕戰在桃園，和「60+」活動是同一天。職棒主場的Lamigo桃猿隊和歐萊德合辦開幕戰晚會，原本比賽結束後的滿天煙火，換成了關燈。

那一夜，八點三十分一到，全場燈光齊滅，萬眾屏氣凝神，一顆顆環保概念的太陽能充電LED燈「發光泡芙」，緩緩亮起，在球場正中央拼出「60+」標誌，照亮整個夜空，球迷熱烈歡呼鼓掌，這動人的一幕更透過連線，傳向全世界。

當時的合作伙伴、荒野保護協會前會長賴榮孝在球場，多年後憶起那一夜依然感動，因為歐萊德做綠色這件事極富創意，而且大膽、敢創新。

「他們不是簡單關個燈就好，而是用更深層的方法去做，結合職棒的熱情，用太陽能充電LED燈引導大家，去體悟綠色的真義，」賴榮孝說著說著，豎起了大拇指。

二〇一八年起，歐萊德改成與台灣青年氣候聯盟（Taiwan Youth Climate Coalition，以下簡稱TWYCC）合辦關燈，TWYCC雖是年輕人組成的NPO團體，但參與國際重大環保行動的經驗非常豐富。

聯盟理事長張寒璋說，當初面對歐萊德的主動邀約時，聯盟內部也對「和企業合作」有過疑慮和討論，但深入了解歐萊德在綠色永續的努力歷程之後，認為值得一試。

兩年多的合作過程中，他們發現歐萊德「出乎意料的謹慎」，從不把商業色彩帶入公益，而且非常配合並尊重TWYCC，給予很大彈性。「他們完全沒有『出錢就是老大』的態度，」TWYCC氣候教育組組長黃品涵說。

二〇二〇年春天，新冠肺炎疫情肆虐全球，台灣社會風聲鶴唳，所有的公開大型活動都喊停。

TWYCC一度以為「60+」可能辦不起來，但歐萊德內部討論過後，認為透過網路直播一樣可以達成目標，因此公司上下仍積極找資源，從名人代言、企業贊助到設計活動形式，完全沒有要放棄的念頭。

到了三月二十八日晚上八點半，二十多位身穿寫著「60+」T恤的歐萊德員工和TWYCC成員以直播線上響應的方式串聯全世界，與一百八十八個國家或區域連線、一萬八千多個世界地標同步關燈一小時。

葛望平戴著「60+」的特製口罩套，拿著麥克風，透過直播宣示：「即使疫情阻絕了人與人之間的距離，卻阻絕不了我們想一同持續守護地球的心。」

這是台灣歷屆活動現場人數最少的一次，但活動期間有百餘位名人代言、一千一百三十五家企業響應，更首度新增六都市長響應代言，活動當晚還創下全台節電量約十二萬度「60+」新紀錄。

關燈的一小時裡，他們和全世界千千萬萬人守著手機或電腦一同連線，看著台北許多建物的燈光一棟接著一棟的暗去。

初春的夜晚仍有涼意，葛望平心裡卻無比溫暖，他發現，廣場上雖一片漆黑，天上的星星卻分外閃亮。

「關掉燈，你才可以看到星星，看到自己。」葛望平想起這句話，這是二〇一四年舉辦60+時，導演吳念真的代言。

遙望夜空，他微笑起來。

葛望平從沒想用60+提升知名度，
歐萊德甚至連搭配的促銷活動都沒有規劃，
只希望能呼籲世人珍惜地球。

歐萊德的CSR行動不只在台灣，更跨足國際，要求各國代理商同步履行對綠色永續的承諾。代理商也都明白，代理歐萊德不只是「賣產品」，更要一起在世界的每一個角落，對社會和環境負責。

不論是寒冷的北歐或中亞的沙漠，歐萊德拓展海外市場，從來不是在豪華飯店的水晶燈下舉辦發表會或記者會，葛望平總是帶著團隊種樹或淨灘，向每一個國家的民眾展現企業社會責任。

以種樹來說，歐萊德海外市場的四十二個國家，都有歐萊德種下的樹苗，十多年下來，有些正逐步抽芽生根，有些已蔚然成蔭。

二〇一五年四月，葛望平走進杜拜一所以綠色理念為教育重點的兒童教育機構Home Grown Children's Eco Nursery，老師多數來自英國，校方讓孩子透過園藝和觀察生態，學著尊重地球所有的生命與資源。

校方邀請葛望平到學校，但他在這裡不是談產品，只談環保，他更細細觀察，發現學校裡有分類桶，孩子們學會了垃圾分類，校方還利用輪胎種下植栽，並在演講後，安排他和孩子們一起種下瓶中樹。

那是一個四月的早晨，春陽微暖，園子裡有花香與蟲鳴，杜拜孩子的臉上寫滿期待和興奮，一個三、四歲的碧眼小男孩和葛望平拿著鏟子蹲在地上一起埋土，一大一小一起笑咧了嘴。他們沒有多說話，因為綠色永續已是跨越種族與國界的永恆語言。

還有一次在俄羅斯的莫斯科，葛望平和俄羅斯的環保團體在莫斯科的公園種樹。全球聲譽卓著的WWF代表在現場受訪時，告訴記者：「每一家俄羅斯企業都該認識歐萊德，他們的CSR值得俄羅斯學習。」

在台灣，歐萊德更持續推廣造林保育，以降低地球排碳量，與「台大實驗林」合作，從二〇一一年至二〇一八年已認養種植二千六百六十棵樹，持續認養面積達三點五六一公頃，相當於一年減少兩萬九千二百六十公斤碳排放量。

而這一片綠海家園，來自近三千家美髮沙龍的投入，沙龍設計師和歐萊德團隊一起挽起袖子，揮汗種下青楓、青剛櫟、烏心石等樹苗，打造夢土。一位和歐萊德合作多年的沙龍設計師，就曾在台大林地一面揮汗翻土，一面告訴葛望平：「因為歐萊德，讓我們感覺自己對社會有了貢獻。」

前進對岸　山間海涯的小清新

在經濟快速起飛的中國大陸，歐萊德也掀起企業社會責任的風潮，在推展業務版圖的同時，展現企業對綠色永續的真心誠意。

十餘年前，葛望平到中國大陸浙江推廣歐萊德，一位當地小品牌髮妝品的代理商陳立久，聽了葛望平談綠色永續和環境議題的演講很激動，深夜跑到飯店找他。

他告訴葛望平，很想經營綠色品牌，更想成立公司只代理歐萊德一家的商品，要在中國大陸的土地上發揮綠色影響力。

然而，當時這個鄉下年輕人沒房沒錢，只有一輛破車，葛望平起初很猶豫，但一次次在無錫的小旅館裡長談，聽著他熱切想爭取歐萊德中國大陸代理權的渴望。最後，終被「窮小子」的熱血和意志力打動。

但是葛望平要求：「你必須跟著我做『綠色』這件事，而不是做『買賣』這件事，你要對綠色忠誠。」

陳立久眼眶微紅，緊緊握住葛望平的手，用力點頭。

之後陳立久不只是「做綠色」，而是卯足全力「拚綠色」。他帶著歐萊德的品牌策略走進各地的美容沙龍，不光是賣產品，也為沙龍設計師上課，教環保、談減碳，傳達綠色永續的理念。

兩、三年後，葛望平去中國大陸，當初的這位窮小子已換車，開了雙B來接送。

如今歐萊德的產品拓展至中國大陸半數以上省市，許多年輕設計師受到很深的影響，他們不只會在第一線的沙龍和客人分享對自然、環保的想法，還常常一起到山間種樹、到海濱淨灘，改變傳統社會「設計師不入流」的刻板印象，建立起小清新的專業形象。

葛望平每次看到他們傳來種樹淨灘的影片，總是開心又欣慰：「當年真選對了人！」

二〇一六年，上海舉辦第一屆「綠色發展共享未來」企業社會責任（CSR）優秀案例評選，歐萊德一舉拿下綠色環保類的「年度綠色產品」和「服務最佳案例」兩大獎項。中國大陸媒體推崇葛望平「堅持以大自然為師的綠色理念，一步一步把綠色健康品牌推廣至全中國，並走向世界」。

這項由《解放日報》、《上海日報》和《東方網》共同主辦的CSR

大獎，是為了結合優秀企業的成功經驗，帶動上海經濟的綠色發展。第二年的主題為「邁向二〇四〇：企業創新與城市可持續發展力」，歐萊德又奪下「可持續行動傳播影響力獎」及「可持續行動典範獎」兩項重量級大獎，彰顯了歐萊德的綠色影響力，更肯定歐萊德是綠色典範，可以做為更多中國大陸企業的標竿。

二〇二五年達成百分之百再生能源

身為好企業，歐萊德的下一個目標，是百分之百使用再生能源。

歐萊德二〇一八年加入RE100，與谷歌（Google）、臉書（Facebook）、蘋果（Apple Inc.）、微軟（Microsoft）、宜家（IKEA）、花旗銀行（Citibank）、耐吉（Nike）、索尼（Sony）等多家國際企業一同成為會員。

葛。雨露。。。

與其說我們有著台灣青年創造全球頂尖綠色品牌的夢；
不如說是——
我們期望帶給世界永續發展的典範作為，
喚醒人們對生活與生命真義的省思。

RE100是二〇一四年由「氣候組織」（Climate Group）與「碳揭露計畫」（Carbon Disclosure Project, CDP）共同發起的國際再生能源倡議行動，歐萊德是台灣第二批加入RE100的企業，並承諾二〇二五年達成百分之百再生能源使用。

再生能源是葛望平的又一個夢想。歐萊德早已大步領先使用再生能源，預計二〇二五年達成百分之百；而台積電的承諾是二〇五〇年，歐萊德也比台積電快了四分之一個世紀。

二〇二〇年歐萊德與蘋果公司、台積電，同時入選二〇二〇年RE100全球十五大綠色領袖獎。

這項大獎是表彰推動百分之百再生能源成就卓越的成員企業。獎項分為六大類，每一類僅從上百家企業中選出三家指標企業入圍，歐萊德入圍RE100「最佳社區變革者」（Best Community Changemaker）類，同組入圍的企業是百年精品品牌香奈兒（Chanel）。

在入圍名單的說明中，國際評審給歐萊德的評語，正是「令人印象深刻的綠色影響力和領導典範力」。

歐萊德還曾奪下多項國際級的CSR大獎肯定。

以二〇一九年為例，有十五國四百多家企業競逐「亞洲永續報告獎」（Asia Sustainability Reporting Awards，以下簡稱ASRA），歐萊德脫穎而出，奪得ASRA的中小企業類（Small and Medium Enterprises, SME）金獎、設計類銅獎、供應鏈類銅獎等三項大獎，同年並獲英國

「全球綠色環保獎」；二〇二〇年又拿下英國「全球CSR卓越金獎」（International CSR Excellence Award）。

其中，ASRA由新加坡CSR Works International永續諮詢顧問公司主辦，是亞洲地區非常重要的永續獎項，也是亞洲企業關注焦點。評審成員包括政府、非政府組織（NGO）、學術界、媒體和CSR專家。

外部投資　也要一起承諾社會責任

由於營運績效亮眼，歐萊德的發展潛力引起外部投資者的注意，但葛望平要求外部投資者，投資之前必須先簽署企業社會責任聲明，投資後也要每年簽署CSR，因為歐萊德要從投資面發揮綠色影響力。

這是非常顛覆的做法，在台灣更是少見。葛望平說，剛開放外部投資時，有兩百多家私募基金上門來探詢，他認為既然要找投資者，「我們是什麼樣的公司，有義務要告訴人家，也要人家支持，跟我們一起做。」

他坦言，一開始沒人相信歐萊德做得到，他其實也是有自信但沒把握，曾擔心對方不肯簽CSR，但他不會退讓，「我們要堅持，這是歐萊德存在的理由。」

最後，歐萊德的潛力仍獲中華開發青睞，二〇一四年投資一億八千三百萬元。

中華開發的投資，給了葛望平很大信心，他欣慰的說：「事實證明，只要我們夠好，就能影響投資者。」

荒野保護協會前理事長 賴榮孝：

守護蛙鳴

有一種朋友，即使許久不見，卻因為共同的理想，從不相忘。

賴榮孝原是國中老師，多年來一向被保育界尊稱為「阿孝老師」，二〇一六年底，他從教職退休並自荒野保護協會理事長卸任後，回到家鄉嘉義溪口，和哥哥賴榮正創立諸羅紀農場。為了保育周遭的台灣特有種諸羅樹蛙，他們用友善耕作的方式，為物種保留棲地，讓依賴這塊農田的人類、樹蛙和一切動植物，可以擁有健康無毒，生生不息的「家」。

他們推出「諸羅樹蛙棲地保育計畫」，招募小額股東，集資讓周邊更多農民不用除草劑、不噴農藥、不施化肥，股東也會收到友善環境耕作的農產品。

葛望平一直是熱情贊助的股東，常常透過臉書關心賴榮孝為生態努力的身影，並積極分享，幫忙推廣「諸羅樹蛙棲地保育計畫」。每當農場收成時，賴榮孝總會寄上一大箱農產品給他。

二〇一七年夏天，他收到賴榮孝寄來剛收成的「無毒仙草」，馬上煮了一大鍋，才喝了幾口，便趕忙在臉書寫下：「我敬仰的好朋友，阿孝老師採收的無毒仙草收割了，口感美味、降火提神，實在實在太讚了！」文後同時分享了賴榮孝在田間收割仙草和銷售訊息，臉書相片裡的阿孝老師臉上寫滿喜樂自在。

兩年後，賴榮孝寄來一大籃清甜水嫩的竹筍。葛望平家的餐桌第一時間便擺上一鍋竹筍湯，他寫下心情告訴大家：「諸羅樹蛙棲地保育計畫，又到了收成的季節，竹筍湯好喝極了。」

每一次的收成，對葛望平來說，何止美味，他更想告訴大家的是，賴榮孝從老師、保育團體領導者到農夫，一生奉獻教育與環境保護，而在台灣這塊土地上的許多角落，都有著像阿孝老師這樣的永續實踐與奉獻者，「因為有你，台灣好美。」

同樣的，賴榮孝也持續關心著歐萊德的努力。二〇二〇年初，他收到葛望平寄來歐萊德剛研發成功的源木牙膏，很驚訝歐萊德竟然如此勇於顛覆和創新，連牙膏都可以做到天然永續，從此源木牙膏成了他非常喜歡的一支牙膏。他常說，每用一瓶歐萊德產品，就有如為地球種下一棵樹，這是最讓他感動的事。

從仙草、竹筍到牙膏，賴榮孝與葛望平各自努力，卻有著綠色永續的一致心念，正如歐萊德綠建築總部有「六百隻青蛙」，諸羅紀農場也有數不清的樹蛙鳴唱，所有的美好，來自一份守護的心意。

第十二章

一支牙膏的革命

二〇二〇年八月下旬，新冠肺炎疫情陰影仍籠罩全球，世界各地鎖國封城依舊，健康安全的生活，已成人們最渴求的夢想。

此時，桃園龍潭的山腰上，歐萊德公司門前，十多個年輕員工進進出出，忙著把一箱箱貼好封條的貨品搬運上車。

紙箱很重，仲夏的陽光很強，員工們汗水淋漓，來不及擦乾。但他們沒有一個人叫苦叫累，臉上反而寫滿興奮與驕傲。

因為箱子裡的五千一百四十支牙膏正要出發，要飄洋過海八千公里，外銷到全世界最重視環保的北歐，展現台灣企業綠色革命的美好成果。

歐萊德近年從生產髮膚潔淨保養產品走向生活用品，二〇二〇年研發出訴求全世界第一支顛覆百年配方的綠色牙膏，短短半年，便攻下全世界對環保要求最嚴格的北歐市場，更在新冠肺炎疫情的陰霾裡，為人們帶來一道前所未見的光。

牙膏，是生活中再普通不過的清潔用品，但鮮少有人想過，牙膏成分裡含有多少化學物質，可能有健康風險？

葛望平長年帶著歐萊德的產品征戰國際，從俄羅斯到杜拜，從巴黎到東京，不論落腳哪一座城市，他有一個習慣，進了飯店要先看看浴室裡的洗沐產品。

每天送進口腔的化學成分知多少？

每一次，他都會細細檢視包裝上的成分說明，從洗髮精到沐浴乳，最後到了牙膏，總讓他感慨：「為什麼又有防腐劑三氯沙、起泡劑SLS（十二烷基硫酸鈉）？」

有時候，他還會到各個國家的超市去尋找貨架上的牙膏，一支支檢視成分，卻總是失望而歸。

因為他很難找到以天然成分為主的牙膏。

走在異國的街頭，或在飯店房間窗前眺望萬家燈火，葛望平的心裡總是記掛著牙膏：「這些連髮膚產品都不該用的成分，為什麼要送進口腔呢？」

日積月累的問號盤踞心中，四年前，一個模糊的念頭在他的心裡愈來愈清晰：「我們何不試試自己來，做出一支完全不一樣的牙膏？」

牙膏工業化生產起源自十九世紀，一百多年來，業界不斷開發各種化學成分，標榜有著清潔、保健、預防蛀牙等功能。

但在歐萊德團隊心中，成分愈複雜，絕不代表愈好。

例如牙膏中的起泡劑SLS，對人體健康有潛在風險。葛望平決心顛覆這些習以為常的百年配方，歐萊德有一套「減法哲學」，對於傳統牙膏中含有的石化成分能減就減，要另外尋找最適合的天然物質來替代。

他更提醒研發團隊，牙膏是用在口腔的清潔品，必須用食品等級的原料，用「做食品」的態度研發，讓使用者安心，這是一種挑戰，更是一種創新的價值觀。

肩負著挑戰與創新，歐萊德實驗室費時近兩年，不斷試驗了上百種天然物質，最後終於選出源自山毛櫸、雲杉的永續樹粉，製成「源木牙膏」，天然的樹粉可代替化學研磨劑和去汙劑，達成清潔效果，接著再加入迷迭香、大茴香、留蘭、丁香等食品等級的香料植物精油。

使用樹粉的靈感，來自葛望平有一次看到一位加油站員工，把木屑覆蓋在地面的油漬上，天然環保又安全，讓他印象很深刻。後來將木屑的概念移植到歐萊德，就有了源木牙膏和檜木頭皮去角質凝露等產品，既保護消費者健康，又不會傷害環境。

這支源木牙膏同時含有三十億個優質綠藻細胞。由於綠藻一向被用在保健食品上，也因此讓這支清潔用品，升級為口腔級的保養品。

先研發再談市場　不管競爭對手

研發牙膏的初期，就有行銷部門向葛望平提出質疑。

創業十多年來，歐萊德的產品一直集中在髮膚潔淨與保養，多數銷售通路在美髮沙龍，各部門的員工一開始心裡都有問號：「我們做牙膏，要去哪裡賣？」

更有憂心忡忡的業務人員當面問葛望平：「我們真的要去髮廊賣牙膏嗎？」「這樣的牙膏，有市場嗎？」

葛望平意志堅決，做一支對健康負責、對環境友善的牙膏已迫在眉睫，他堅持「不能再等了，先做出來再說」。

不同於其他企業，葛望平的思維一向顛覆傳統，他認為研發比擴大市場重要，「我們不必急著衝產量或擴大通路，只要先做好產品內容，換掉化學品，當產品優質化之後，自然會有市場。」

他更告訴員工：「永遠不要擔心對手如何，自己的主張最重要，只要能找到並堅持自己的理念和主張，根本不需要和對手比較。」

那時他也親身參與測試，帶著牙膏測試品回家，站在浴室裡耐心的刷牙，細細感受牙膏的氣味和清潔效果。

常常，刷著刷著會忍不住想：「先做最壞的打算吧，如果做出來真的沒有市場，那就只做第一批五千支，賣完就算了，不再續產。」

但這個「最壞的打算」並未成真，二〇二〇年初，第一批源木牙膏正式量產，經由行銷和業務團隊的努力，再加上試用之後的好口碑，五千支一上市就被自家同仁與沙龍設計師買光。

同一時間，歐萊德在經營髮品市場多年後，二〇二〇年一月正式新增

「O'right HOME」生活用品系列，要在已有的「O'right HAIR」髮妝系列之外，追尋更新、更多的可能。

通路方面也要在既有的沙龍專業市場和零售點之後，進軍連鎖品牌藥局、藥妝店等全新通路。

這支獨一無二的綠色牙膏，正是「HOME」系列的領頭羊。

客戶的搶購，給了葛望平很大的信心，印證了「先做內容最重要」的信念，也為歐萊德開拓新市場奠下堅實基礎。

顛覆傳統　奪世界設計大獎

顛覆傳統的綠色革命成果，站上了國際，也是一場掌聲不斷的驚奇之旅。

源木牙膏在二〇二〇年一月上市，當月通過美國農業部全成分檢驗，取得美國官方USDA Biobased生物基天然永續認證。當年六月獲得義大利美容趨勢年度報告（CosmoTrends）表揚，而且是當年義大利波隆納美妝展無毒純淨美妝類別裡唯一獲獎的牙膏。

同年十月，源木牙膏又獲選全球三大設計獎之一的日本優良設計獎最佳百大設計，接著榮獲更高階的年度設計金獎，也就是經濟產業大臣獎。

評審一致認為，歐萊德的綠色牙膏顛覆百年傳統配方，是最棒的設計。

更大的榮耀緊跟而來，同年十一月四日，源木牙膏奪下法國全球永續美妝大獎的「永續美妝新品」（New Sustainable Product）冠軍。

評審團稱讚歐萊德「以中小企業之姿，全方位達成永續美妝研發、創新等多項要求及標準」。

消費市場也熱情擁抱這支革命性的牙膏，除了成功進入台灣的藥局通路，各國代理商的訂單雪片般飛來，例如北歐的瑞典代理商一次就大舉採購五千支，搶貨搶到歐萊德必須趕工，才能滿足各方需求。

從起心動念到最終的喜悅豐收，歐萊德帶動了一場牙膏的綠色革命，漫長的歷程走過艱辛、懷疑、失敗，卻始終不曾放棄。

牙膏的故事，正是歐萊德十多年來堅持綠色品牌之路的縮影。

從二〇〇二年創業，到二〇〇六年展開品牌改造。從台灣走到全世界，歐萊德走出了一片壯麗的風景，讓國際驚豔，並贏來尊敬。

歐萊德許多產品的誕生，來自葛望平對生活的觀察，只要有機會，就想要找出綠色解方。

早在投入綠色改造之前，他已用心觀察「環保是怎樣的一回事」，深知不同的團體、組織、企業，甚至個人，會用不同的方式去實踐環保，他決定歐萊德有自己的做法，要用自然而然的方式，在生活中去影響大家，不能給人負擔和壓力。

葛。雨露。。

成功兩字，
決心而已。

葛望平想得很清楚，任何事一開始如果讓大家感到害怕，這事就不會成功。

做環保，不必遺世獨立做苦行僧

他常到許多企業組織或學校演講，分享環境教育的經驗和理念，他總是說：「做環保，不必遺世獨立做苦行僧，而是不要懼怕，拉一條繩，開一扇門，進入那個世界，從生活中觀察，尋找解方。」

他會用心觀察日常生活的許多小細節，找出可以投入綠色永續的蛛絲馬跡。

例如二〇二〇年才上市的雨林精油防蚊乳液，研發靈感正來自一群媽媽和寶寶的日常。

那是兩、三年前的夏天，葛望平有一天在歐萊德零售門市訪視，看到幾位年輕的媽媽為孩子挑選自然純淨的洗沐用品，但當他看著她們從背包取出防蚊液時，卻發現其中有不少化學成分，甚至可能含有環境用藥DEET（待乙妥Diethyltoluamide的縮寫），對嬰幼兒有健康風險。

「我們為什麼不試試做防蚊液？」葛望平對研發部門提出構想，雖然歐萊德從來沒做過，也沒有先做市場調查，但他還是理直氣壯：「我們既然有能力，就要創造更好的新產品。」

葛望平和他的好朋友、歐都納董事長程鯤聊起了防蚊液，歐都納是台灣知名的戶外休閒用品品牌，更是推出台灣第一件碳足跡標籤防水服飾的品牌。程鯤一直很關心生態危機，由於防蚊液多半在戶外和山區使用，他很擔心防蚊液含有太多化學成分，成為大自然生態的隱形殺手。

兩位董事長想法一致，決定「異業結盟」，讓歐萊德的研發能力和生產技術，結合歐都納戶外用品的好口碑和通路，讓品牌發揮「一加一大於二」的效果，把綠色永續運用在戶外生活用品上。

為了加速研發，葛望平親自參與測試，許多個夏天的晚上，他刻意穿著短袖衣服在自家庭院剪樹籬，一站就是一小時，一面剪一面觀察蚊子來不來、自家研發的防蚊液有沒有效。

老闆的人體實驗沒有白忙，研發人員最後終於找出亞馬遜雨林安第羅巴樹的果實精油，可以替代DEET，成功研發了雨林精油防蚊乳液。

這瓶防蚊液是一項同步友善人體健康和生態環境的產品，推出後的市場反應很不錯，尤其許多媽媽消費者會為孩子準備一瓶。

更重要的是，小小的一瓶防蚊乳液，在生活中實現了綠色永續的意義，為搶救地球貢獻了力量。

第十三章

用產品交朋友　為台灣留足跡

二〇一九年十二月，葛望平參加聯合國氣候變化綱要公約（United Nations Framework Convention on Climate Change，簡稱UNFCCC）第二十五次締約方會議（即簡稱COP的聯合國氣候變遷會議），以台灣中小企業之姿，向世界介紹歐萊德在循環經濟領域的經驗與成果。

COP是聯合國氣候變遷綱要公約下歷史悠久的締約國會議，每年召開，由各國官方代表參與，全球各地的NGO也以觀察員身分參與。二〇一九年的COP25共有近兩百個國家的談判代表、約兩萬五千名參與者出席，針對碳排放、碳交易、雨林、氣候變遷等議題，分享建議與看法。

透過RE100的推薦，以及與台灣青年氣候聯盟的合作，歐萊德參與了COP25。葛望平更在一場減碳策略研討會擔任主講人，他在台上熱力四射，拿著一瓶洗髮精，說明碳中和更深的意涵。

葛望平說：「如果你用的洗髮精，需要用很多水來沖洗，或要用吹風機吹很久才會乾，就表示這不是一個低碳的產品。」一言簡意賅，打破許多人誤以為碳排放最高環節是在工廠的迷思。

他還說，企業必須在每個環節都做出降低碳排放的設計，才是永續解決之道。他並提出「歐萊德標準」：每項產品都應有碳足跡、減碳策略、實現碳中和，每個組織與企業也應達成碳中和。

最後，葛望平有如魔術師一般，雙手突然一捏，手上的「瓶中樹」空瓶當場碎裂，證明這正是一瓶可以分解堆肥回歸大地、長出大樹的零碳洗髮精。

這個動作引來台下驚呼，隨即響起熱烈掌聲。台下坐著的，包括全球性環境與發展智庫「世界資源研究所」（World Resources Institute，簡稱WRI）和各大企業代表，每個人都對歐萊德充滿好奇和讚嘆。

尤其許多企業代表有如上了重要的一課，不斷舉手發問，更有人問：

「一家只有兩、三百人的企業，到底怎麼做到的？」

「這樣做永續，你們賺錢嗎？」

葛望平不疾不徐，微笑回答：「帶著熱情持續前進，就一定有機會實現夢想。」

拓展國際市場的旅程上，歐萊德常遇到認同品牌的盟友，不時有意外的收穫。

尤其歐洲社會的環保意識很強，很多官方單位了解並相信歐萊德做的一切，在代理商辦活動時都願提供協助。

歐萊德在斯洛維尼亞的產品發表會，市立植物園主動出借展館；在瑞士舉辦記者會，伯恩市立動物園也免費出借場地，有如鎮園之寶的北極熊還在會場一起亮相。

當時動物園園長被媒體記者問到為什麼出借場地，他毫不猶豫的回答：「因為這家品牌，和我們動物園生態永續的理念完全一致。」

台灣之光　閃遍國際

歐萊德更積極把握每一個機會行銷台灣。

二〇一五年九月，白俄羅斯的代理商在首都明斯克的Naroch國家公園附近舉辦種樹活動，邀當地環保團體參與，還有園藝業者相挺免費送樹苗，引來當地公營電視台的高度興趣，邀請葛望平上晨間新聞接受訪問。

隔天大清早，明斯克電視台出現了幾張罕見的黃皮膚臉孔，擁有當地高收視率的全國聯播晨間新聞主持人向觀眾介紹，要專訪一家推動綠色永續，成就斐然的國際企業。戴著黑框眼鏡的葛望平面對鏡頭，向觀眾微笑道早：「We are O'right, from Taiwan.」

接下來，在主持人的現場訪談中，他娓娓細說遠在太平洋的小島上，一家中小企業如何實現綠色永續的夢想。

只要一有機會，不論演講、上電視，歐萊德從不忘強調「來自台灣」。

葛望平每次到歐美國家，一定請代理商帶他到沙龍，為設計師進行有關環保的教育訓練，他常把握機會，順便向外國設計師介紹台灣沙龍的洗頭方式，包括讓客人在座位上洗頭的坐式洗頭法，還有為客人按摩肩頸和頭皮的專業按摩手法。

他為這些服務取了名字「Formosa Hair Wash」，讓外國設計師大感興趣，直說好舒服。

「做品牌不是只賣產品，更包括服務，Formosa Hair Wash 就是創新和發揚文化特色，」葛望平說，更重要的是讓外國人知道台灣的美好。

站上國際的頒獎典禮，更是歐萊德推銷台灣的最佳舞台。例如「瓶中樹」系列產品得過兩次德國紅點設計獎，二〇一三年榮獲紅點大獎「Best of the Best 2013」最高榮譽時，葛望平曾讓台灣之光閃遍全場。

歐萊德也是台灣駐外單位合作的好伙伴，每次在國外拓展業務時，都會拜訪駐外代表處，用台灣中小企業的綠色力量幫國家拚外交。

葛。雨露。。

我仍保持著一顆赤子之心，最初想改變自己生命的初衷，漸漸擴大到改變周遭其他人，乃至於改變社會。

葛望平（中）一路帶領歐萊德多次站上國際舞台，
右為時任歐萊德副總經理、現任董事的張貴仁。

一瓶綠色洗髮精　創造隱形外交空間

二〇一五年三月，葛望平和波蘭代理商在華沙做設計師教育訓練，無意間在客戶的沙龍店裡遇到一位高雅的女士，她是歐萊德的鐵粉，聽了葛望平分享歐萊德的綠色理念和產製過程後，直說了不起。

談著談著，葛望平發現，眼前這位美麗的鐵粉竟是時任波蘭經濟部次長彼特雷維奇（Jerzy Witold Pietrewicz）的妻子，彼特雷維奇之前曾任國家環境保護和水管理基金會主席，一直關心環保發展，當時為了配合歐盟要求，波蘭官方正要大力推動環保、發展綠色經濟，急需外界經驗。

彼特雷維奇的妻子告訴葛望平，波蘭的環保正在起步，她很想為自己和家人打造綠色的生活態度。葛望平聊著聊著，心中閃過念頭：「我們有綠色經驗、綠色實力，何不創造外交機會？」

於是他勇敢的請她幫忙引薦：「我們很希望向貴國經濟部，分享台灣歐萊德的經驗，希望有機會當面拜會次長，」更自信表示：「歐萊德的做法，一定有助貴國輔導綠色產業。」

彼特雷維奇的妻子欣然同意，葛望平當晚也立刻通知駐波蘭代表處。不久之後，彼特雷維奇接見了葛望平，認真聽取了歐萊德的碳足跡和碳中和認證經驗，而當他見到「順便陪同」的台灣駐波蘭代表處官員時，更心照不宣的握手微笑。

許多時候，葛望平的熱情不只是為了品牌或伙伴，更為了環境教育。

他有如綠色傳教士，一年至少演講上百場，在大學校園或企業界參與一場又一場的永續論壇。國外的邀約也很多，許多美妝大展都會邀請葛望平演講，分享歐萊德的綠色經驗。

綠色傳教士　為環境教育無怨無悔

歐萊德國際代理事業處前協理狄暹甯，常常陪著葛望平到各國演講或出席發表會，擔任翻譯。他說，歐盟近年對美妝產品的環保門檻日益提高，很多企業或組織都想聽取歐萊德的經驗，即使很多演講根本沒有商機可言，「但為了環境教育，老闆總是不厭其煩，一講再講。」

葛望平常說自己英文不好，但他的熱情就是最好的語言。

在狄暹甯眼中，「老闆」有一種熱情和魅力，有時明明還沒來得及翻譯，台下已掌聲笑聲不斷，氣氛熱絡，而且每次演講最後都欲罷不能，台下發問不停。

歐萊德國際代理事業處副理陳怡婷也說：「老闆太熱情。」在外國參展時，年年都會有競爭品牌的業者到歐萊德攤位參觀，他們都很好奇歐萊德的綠色經營理念和Know-how，葛望平也會熱情答覆。

但其實對方明明是競爭對手，居間翻譯的陳怡婷常常會向葛望平使眼色暗示他「可以停了」。但他總是一面用中文小聲說：「我知道。」一面還是不停的講到對方滿意為止。

傳教士般的熱情和執著，也讓員工感動。

陳怡婷記得，幾年前在瑞士的產品上市記者會前一晚，葛望平因為過敏，整張臉嚴重腫脹送醫急診，第二天他腫痛未消，眼睛幾乎都睜不開，依然堅持親自出席主持，挺著一張變形的臉，戴著墨鏡從醫院直奔會場，因為他不願錯過任何一個環境教育的機會。

另一次在德國，也是產品上市記者會，葛望平痛風發作，雙腿疼痛不堪，又遇上大雪，同事和代理商都勸他留在飯店休息，但他忍著痛一跛一跛走過風雪，站上記者會。

「我們的老闆，就是一個一直一直不停前進的人。」

雪地裡，那一排深深淺淺的腳印，陳怡婷永生難忘。

經濟部中小企業處前處長 賴杉桂：

一扇窗同憶故人

十幾年前歐萊德開始推動企業轉型時，接受經濟部中小企業處的輔導，賴杉桂是當時的中小企業處處長，他發現葛望平很有想法，「這個年輕人非常清楚的看到趨勢，極有前瞻性，更抓住了管理大師麥可．波特（Michael E. Porter）提出的差異化策略，從頭到尾、全流程的綠化，說到做到。」

長期接觸企業界，賴杉桂發現，葛望平和別人更大的不同，是他充滿熱情和旺盛的執行力，歐萊德團隊耳濡目染之下，也有相同的企業文化。

例如當年中小企業處的輔導顧問們，不論提出什麼建議，歐萊德團隊都照單全收、徹底做到，讓賴杉桂非常驚訝：「這家公司的執行力怎麼這麼強？」

有一天葛望平又告訴他「歐萊德要蓋一棟綠色總部」，接著說了有關綠建築設計的一連串構想，賴杉桂瞪大雙眼，心想：「這少年仔也太厲害了……」

兩年後綠建築落成，賴杉桂去參加落成啟用典禮，參觀之後更佩服葛望平追尋夢想、說到做到的執行力。

而當他走到樓間，看到葛望平為台灣精品品牌協會前會長王文璨設置的「Jerry之窗」時，心中更泛起一陣暖意和微微感傷。

「Jerry也是我的老朋友，」賴杉桂說，當年他剛接任經濟部中小企業處處長時，曾拜託Jerry到中小企業處為同仁上了整整兩天的課，老朋友的傾囊相授始終讓他感激在心，但無奈二〇一二年Jerry意外過世，留給他無盡的懷念。

那一扇Jerry之窗，讓賴杉桂憶起故人，更發現原來葛望平有如此感性的一面，原來在熱情和超強的執行力之外，他竟也是個惜情、惜緣的性情中人。

兩年前，賴杉桂曾親眼看到葛望平在企業界聚會時，在會場向每位企業菁英推廣60+，拉著每個人拍照的一幕。他很讚嘆：「為了公益，一個老闆就這樣拿著板子站在路邊，遇到一個人講一次，不厭其煩的教大家愛地球，那樣的熱情真誠，你怎能不被他感動？」

結語

一封來自荷蘭的信

歐萊德總部的頂樓花園，有一支很高的柱子，上面有八個指示牌，分別寫著：

「大氣層±二度C，二〇〇〇至一六〇〇〇公里，碳濃度超過四五〇ppm，人類將面臨生存危機」；

「北極圈，六六四九．五七公里，冰層快速縮減地球暖化更嚴重」；

「印尼婆羅洲雨林，一二五九九．三公里，每分鐘約消失十三個足球場」；

「亞馬遜雨林，一一七〇五．八公里，每分鐘約消失六個足球場」；

「地下水資源，二〇二五年前全球面臨缺乏危機」；

「地下礦產耗竭年限：銀二〇二一、銅二〇三九、石油二〇五〇、鐵二〇八七」；

「北太平洋，七三八六．〇七公里，漂流著四十個台灣大的塑膠垃圾」。

歐萊德總部的頂樓，立著一支指示牌，
時時提醒全公司上下——永續是沒有句點的挑戰。

每一個牌子、每一個數字，都如警鐘，是對世人的提醒，也是歐萊德願意挑起的重擔。

在歐萊德團隊心中，綠色永續是人類的未來，更是永恆的挑戰，一山之後還有一山，路很遠、很長、很難，但歐萊德仍將奮力攻頂，永不停歇。

綠色是永恆的挑戰　沒有句點

創業二十年，品牌改造十五年，歐萊德寫下中小企業的品牌傳奇：從桃園鄉間的小工廠出發，一步步走向世界，跨越大半個地球，在四十多個國家的上萬家美髮沙龍、百貨專櫃、美妝品零售店、藥局等各式通路，為消費者帶來美好的體驗，更為社會和環境善盡永續的責任。

從代理進口商品，轉型自產綠色髮妝與家用生活品，憑藉著顛覆產業傳統的勇氣，加上突破創新的執行力，為美妝業界建立起打造品牌、產業升級的典範。

從百餘名員工起家，至今不過三百人，卻拿下比員工人數還多的海內外大獎和認證項目，同時創造碳足跡、碳中和、綠色供應鏈等數不盡的「第一」。

十餘年的品牌旅程，創造了無數驚嘆號，走到今日，不是句點，而是象徵綿延不絕的破折號，讓世人仍有無盡期待。

曾經和歐萊德合作過的伙伴，包括學界、產業界、公部門和環保組織，他們眼中的歐萊德，不但是綠色典範，更是中小企業成功創建品牌的標竿，這份成功絕非偶然，而是凝聚信念、眾志成城的累積。

崇越科技董事長賴杉桂，曾是經濟部中小企業處前處長，不論身在政府部門或企業界，他眼中的歐萊德，始終就是「厲害」二字。

台灣的中小企業做品牌，很困難也很辛苦，因為資源少、資金少，「但是歐萊德自立自強，加上堅持理念，還是成功了，」賴杉桂說。

台灣精品品牌協會副理事長、上銀科技總經理蔡惠卿，多年來一直在默默觀察歐萊德，「能有今天的發展，一點也不讓人意外，」她說。

放眼今日，綠色永續已經是現代企業的基本門檻，蔡惠卿認為，歐萊德雖是中小企業，卻早在十多年前就超前部署，有非常清楚正確的企業策略，綠色永續的價值主張也一路精準呈現，「當別人都還沒有做到，但你已做到時，你就是Number 1！」

尤其，歐萊德早於二〇一〇年便有「工業循環」和「生物循環」的做法，這在台灣是走在非常前面的觀念。

賴杉桂說，台灣政府近幾年才開始談循環經濟，歐萊德比政府快太多，如果每個公司都有這種觀念和做法，台灣會跑得很快。

「先鋒」，也有如歐萊德的另一個名字。外貿協會高級專員嚴麗婷負責台灣美妝品牌聯盟，長期深入了解台灣的美妝品牌，她分析說，傳統以來，美妝品因多為化工原料，很難和綠色畫上等號，但歐萊德敢為人所不為，做綠色的先鋒，跑得比政府還快。

歐萊德對綠色、永續、創新的投入，每一個細節都是實實在在的耕耘。嚴麗婷說：「歐萊德就是玩真的，仔細回想，他們提出的每一個綠色承諾都說到做到。」

「玩真的」，是很多人對歐萊德或葛望平的共同評語，他們對歐萊德從疑惑到相信，從擔心到欽佩。

綠色影響力　歐萊德模式出現了

二〇〇九年投入碳足跡盤查時，歐萊德排除萬難達成，之後更一路貫徹到今天。財團法人塑膠中心經理許祥瑞曾協助歐萊德完成碳足跡，他說當年一度非常擔心歐萊德做不了，但後來發現歐萊德不但做到，更是旗下每一樣產品都達成，不是只做一兩項產品當成代表就夠了。

長年輔導企業做碳足跡，許祥瑞觀察認為，歐萊德執行力很強，十年來一直嚴格執行碳足跡盤查，不是做做樣子而已，「不是只做完第一次，把證書掛上牆壁就算了。」

北科大環工所特聘教授胡憲倫一路看著歐萊德成長，也認為「很多中小企業常說沒錢、沒人可以投入綠色永續，但我們總會說：『你看人家歐萊德』。」

他更說，歐萊德「把綠色當一回事」，對綠色既嚴格且專精，這些年來享有榮耀、訂單成長，都是必然的成果，值得其他企業多了解。

歐萊德在中小企業界的影響力悄悄顯現，許多中小企業近年在思考綠色永續的經營策略時，都會以歐萊德為學習對象。

許祥瑞遇過一家傳統中小企業的第二代想轉型，找上塑膠中心輔導。「那時對方想發展綠色品牌，還說心目中有一家品牌很想仿效，講了半天，我發現，原來他說的是歐萊德啊。」接著他馬上告訴對方：「你選對了！」

台灣美妝業這兩年逐步出現「歐萊德模式」，多家老字號和新崛起的美妝品廠商，不再是美妝業傳統的「默默做」風格，而是積極打造品牌，並向綠色靠近。

他們會重新改包裝、設計Slogan（廣告詞）表達品牌理念、更新行銷方式、積極參加國際美妝髮品競賽，更重要的是調整原料和配方，以天然和植物成分為訴求。嚴麗婷認為：「這都是歐萊德走過的軌跡。」

荒野保護協會前理事長賴榮孝曾任行政院永續發展委員，常受邀到企業或是政府部門談永續發展。他眼中的歐萊德，早已是綠色企業典範，演講時常把歐萊德當成範例，引用歐萊德的許多做法來闡述「很多事不是做

消費者使用情境的碳排比例占最大，是碳排放量數據盤查的關鍵。

不到，而是你要不要做。」

台灣青年氣候聯盟和歐萊德合作近三年，理事長張寒瑋認為，歐萊德絕對是台灣綠色典範，更是同規模企業的典範。

她說，在環保運動者的眼裡，企業發展可以有很多條路，「這完全是一種選擇，你要做重汙染的石化業？還是做綠色？有人選擇了後者，即使艱辛難走，但只要堅持，只要用對策略，仍然會成功。」

把綠色做成好生意

把綠色做成一門好生意，讓綠色成為價值鏈的重要成分，更是歐萊德打造品牌的過人之處。

台灣師範大學環境教育研究所教授、環境保護署前副署長葉欣誠說，企業人做環保常常會失敗，甚至被懷疑是一種為了「漂綠」的宣傳手法而已，但歐萊德讓本業和綠色永續結合，是非常正確的策略，值得其他企業參考，最起碼要讓本業和綠色精神結合。

他更分析，企業結合綠色做品牌，有一個重要的前提是賺錢、對股東能交代，歐萊德讓綠色永續成為公司增加經濟收益的一種價值，非常巧妙，非常值得企業甚至環保界學習。

賴杉桂則提醒，中小企業做綠色，一定是必然趨勢，歐萊德對中小企業絕對有影響力，但如果要學歐萊德，千萬不能只學半吊子，團隊必須夠強、夠堅持，企業領導者的決心和做法格外重要。

胡憲倫則從另一個角度看歐萊德的努力。他說，有時不免替歐萊德擔心，「拚了這麼多的榮耀和獎項，會不會太投入？畢竟獲利也不是那麼高。」

不過，他依然有信心的認為，綠色永續絕對是未來企業發展的關鍵力量，兢兢業業實踐永續的企業，長期而言一定可以看到營運上的回饋，也會有整體環境的回饋。

放眼未來，歐萊德有著更遠大的願景。葛望平說，做品牌，不是為企業賺大錢，而是要讓歐萊德成為永恆的綠色典範，讓更多人願意一起走上同樣的路，讓環境更好。

他盼望喚醒更多人對生活和生命的省思，也啟發大家，即使是歐萊德這樣的中小企業，也可以向社會和環境負責。

另一方面，也希望讓更多創業者或企業經營者看見，當歐萊德選擇做綠色永續，當產品對環境友善，當客戶健康更好時，企業依然可以同步成功，可以發展計畫投入研發，更可以獲利、可以讓員工股東和社會肯定。

「如果我們是成功的，就可以帶動更多創業的年輕人，一起投入綠色

葛。雨露。。

服務對象不只是你的目標消費族群，
更應放大到對社會與對環境的服務。

永續發展，讓更多傳統企業願意去改造，認為這條路是可行的，並勇於投入，去創造一個好企業，」葛望平說。

尤其歐萊德只是中小企業，卻能創造了很多第一的紀錄，葛望平說：「做第一，不是為了被膜拜，而是要大家知道，很多事不是難，而是你想不想做。」

環境教育　歐萊德的靈魂

教育，是葛望平心心念念的另一項使命。從二〇〇六年品牌改造開始，最初只是為了改變自己的健康和生命，漸漸擴大到想要改變周遭更多人，乃至於改變社會，歐萊德數千個日子的所有足跡，帶動改變，都蘊含著教育的力量。

他更主張，環境教育，是歐萊德的靈魂，是品牌的延伸，必須四面八方的投入，小從引導消費者把瓶中樹埋進土裡的一個動作，大到綠建築總部傳遞的信念，而未來歐萊德的教育步履，還會跨得更大更遠，讓綠色走進更多人的心裡。

這份綠色影響力已向下扎根，教育部近年審訂通過的幾本課本，在說明企業社會責任、環境永續、分解材料和設計思考時，都不約而同選中歐萊德做為範例，向下一代示範什麼是「綠色、永續、創新」。

包括高三化學課本（南一書局出版《選修化學下冊》，教育部高審字第〇八四二號），以及高中美術課本（泰宇出版《普通高中美術（一）乙版》，國家教育研究院審定普審字第一〇四〇〇二號），均收錄歐萊德O'right瓶中樹生物循環範例；而國三社會課本（翰林出版《社會三上》，教育部國審字第一六六四號），則收錄歐萊德O'right為企業社會責任與綠色經濟典範案例。葛望平認為，與其說感到光榮，他更喜悅的是歐萊德為環境教育再次奉獻了一份心力，綠色永續的種子將在下一代的身上生根、萌芽與茁壯。

葛望平的另一個願望，是透過歐萊德，為化妝品產業帶來改變。

他認為，美妝為人們帶來自信，使生活更美好，而綠色原就是一種美好的價值，因此美妝產業發展綠色是比較容易成功的。

因此，歐萊德希望讓這份綠色理念，啟發整體產業一起改革，以永續的思維代替以往只追求降低成本的邏輯，讓綠色的美好價值無限擴散，從使用者個人的生理、心理，到整個環境和社會。

「美妝產業的美好，不是Make-up（化妝）而已，而是讓美更深層、更高遠，」他說。

葛望平更盼望，有一天，讓綠色永續成為一種準則、一種凌駕於一切價值之上的依循原則，當擁有權力者做決策時，都能先從環境保護的角度出發。

他解釋，人類常有各種衝突與紛爭，背後的原因可能是信仰、種族、利益或理念，但如果在衝突之前，先考量環境和永續，就會有不一樣的解決方案。

就像他常想起三十多年前兩岸開放探親，但因政治考量不開放兩岸直航，許多像他父親一樣的老人家，帶著三大件五小件返鄉，卻要經三地轉機，耗時耗力，辛苦不堪。

盼以綠色為準則，解決眾人之事

政治是管理眾人之事，葛望平說，如果執政者可以用永續去思考眾人之事，就會知道直航比轉機減少很多碳排放，會做出不一樣的決策，為人民提供最安全也最方便的距離。

同樣的，如果以綠色永續為準則，去做其他的決策，一定也可以減少政治和戰爭的衝突，讓人類更幸福，讓世界更和諧。

他也記得前幾年到東歐拓展業務時，在立陶宛和當地城市官員交流，分享各自的文化和歷史，對方告訴他，在歐洲的歷史上，因為政治立場不同甚至歧見，很多地區和民族之間的戰爭不斷，尤其在一戰和二戰期間，「立陶宛總是被打的那一方……」

他一聽心有戚戚，不停點頭：「我們也是！我們從沒打別人，都是別人來打我們呢！」

類似的歷史命運，讓台灣人和立陶宛人相濡以沫，更因為綠色理念而共聚一堂牽起了情誼，葛望平多麼希望在綠色永續的願景之下，國家與國家之間不再有高牆，人類不再有紛爭，攜手同心一起為地球的未來努力。

在這些攸關「大我」的願望之外，葛望平心裡，還埋著一個無法實現的「小我」心願。

多年前因著父親的一句話「報效國家」，葛望平走上綠色品牌的征途，他一直想要實現父親的叮嚀：「當沒有父母可以孝順的時候，可以孝順這個國家、孝順這個社會。」

在每一次領獎的舞台、在每一個站上國際的機會、在每一回拿到認證的當下，葛望平心頭總會浮現父母的笑顏，「成就感並不重要，我只是想

每一次掌聲響起，
葛望平（後排左一）心頭總會浮現
父親葛孝忠、母親葛陳香蓮的笑顏。

對父親有交代，」他說。

越過一座座山峰，如今外界看歐萊德已是「綠色小巨人」，但在葛望平心中，再多的榮耀和掌聲，都比不上與已逝的父母再見一面。

如果上天許他一個私人的心願，他哽咽：「願用所有的財富，換得和老爸老媽相處一天，一天就好……這樣，我的人生就沒有遺憾，也值得了。」

來自天涯海角的綠色同路人

二〇二〇年暑假，歐萊德收到一封來自荷蘭的陌生電郵，發信的女孩Megi是荷蘭馬斯垂克大學的學生，信中寫著：「三年前我第一次使用歐萊德產品，從那一刻起，就愛上它了。」

在成為「歐粉」三年後，Megi決定將台灣歐萊德做為她的論文研究主題。二〇二〇年八月中旬，她透過視訊和葛望平展開越洋對談。

電腦螢幕上的Megi有點害羞：「我從沒見過這麼堅持的綠色品牌，歐萊德怎麼做到的？」

「用綠色做內外溝通啊！」葛望平微笑回答：「對內，建立企業綠色文化，對外，讓外部供應商跟著動起來。有了由內而外的綠色意識，為自己和家人做出改變，全世界就都可以改變了。」

類似Megi的來信和訪談，在歐萊德有過上百回。

經年累月的追尋與實踐，透過產品、服務和文化，歐萊德一點一滴向全世界傳遞品牌價值主張，也向個人、社會和環境，兌現了企業責任。

也因此，全世界有很多很多的Megi，包括個人、組織，深受歐萊德的影響，在長時間的觀察或使用之後，以歐萊德為典範，把歐萊德視為研究學習的目標。

許多企業更對歐萊德憑中小企業之力，卻成功打造品牌揚名國際的歷程，投以讚嘆和憧憬的眼神。

尤其在地球環境快速惡化之際，更多人希望經由歐萊德，找到一個可以追隨的身影，甚至是一段值得模仿的軌跡。

「綠色、永續、創新」的品牌長路上，歐萊德捲起波瀾，成為典範。

綠色小巨人的傳奇，還會一直一直寫下去，未來會有更多更多的Megi，一路同行。

附錄一：歐萊德綠色供應鏈及綠色供應項目

- 嘉誠化學股份有限公司：化妝品原料（有機、天然認證原料超過二一〇款）
- 百貿股份有限公司：化妝品原料（有機、天然認證原料超過三七〇款）
- 大豐環保科技股份有限公司：ＰＣＲ再生塑料
- 瑞營塑膠股份有限公司：ＰＣＲ再生塑膠瓶
- 品茂塑膠工業股份有限公司：ＰＣＲ再生塑膠瓶
- 集泉塑膠工業股份有限公司：ＰＣＲ再生壓頭、ＰＣＲ再生塑膠瓶
- 台鈺塑膠股份有限公司：可再生單一材質（ＨＤＰＥ）軟管
- 大全彩藝工業股份有限公司：可再生單一材質（ＰＥ）面膜袋、補充包袋
- 銘安科技股份有限公司：ＰＬＡ可堆肥原料
- 喬福材料科技股份有限公司：ＰＬＡ可堆肥原料
- 洲弘企業有限公司：ＰＬＡ瓶器、ＰＣＲ再生塑膠瓶
- 達鴻鋼模有限公司：ＰＬＡ配件、環保竹製品
- 上溢精密股份有限公司：環保噴頭
- 康揚特殊美術印刷股份有限公司：植物油墨瓶身貼紙
- 耀騰印刷事業股份有限公司：ＦＳＣ紙材產品外盒包裝（環保認證標章）
- 葛瑞特印刷事業有限公司：ＦＳＣ紙材產品外盒包裝（環保認證標章）
- 和康彩色印刷包裝有限公司：ＦＳＣ紙材產品外盒包裝（環保認證標章）

・三和紙業股份有限公司：FSC紙材產品外箱（環保認證標章）
・福山事業股份有限公司：FSC紙材產品外箱（環保認證標章）

補充說明：

PCR：取自消費品回收，歷經分類、粉碎、再分類、清洗、脫水、抽粒、再生等過程，製成一〇〇%再生塑料。

PLA：由廢棄蔬果與植物澱粉製成，是天然環保材料。埋入適宜環境中，可自然分解為堆肥，回歸滋養大地。

FSC：為環保林木認證，主要精神為不用熱帶雨林、不用原始林、不用基因改良樹種、使用一棵樹需種回四棵樹。使用FSC認證的紙張，確保通過認證廠商不會使用到來自熱帶雨林或原始林濫伐的原料，真正做到「與地球永續共生」的承諾。

附錄二：歐萊德使用之第三方認證機構及認證項目

・台灣檢驗科技股份有限公司（SGS）：為具公信力的第三方驗證機構，提供工廠驗證、原料把關與產品檢測等多項驗證服務

ISO22716_化妝品優良製造規範指引

ISO50001_能源管理系統

ISO14001_環境管理系統

ISO45001_職安衛管理系統

ISO9001_品質管理系統

ISO14064_溫室氣體盤查

ISO14067_碳足跡

ISO14046_水足跡

PAS2060_組織型碳中和

PAS2060_產品碳中和

・財團法人全國認證基金會（TAF）：提供公正、客觀、獨立及符合國際規範之第三方認證服務

ISO17025_TAF認證實驗室

ISO11930_防腐效能試驗

・英國標準協會（BSI）：世界第一個國家標準化機構，提供供應證明與標準等相關

服務 PAS2060_碳中和

· 美國農業部（US Department of Agriculture, USDA）：美國官方USDA Biobased生物基天然永續認證，由全球著名Beta實驗室進行產品全成分驗證

歐萊德截至二〇二一年一月，總計有五十五項產品與三支獨家原料，通過該項認證

· 德國Cyclos公司：為德國包裝、廢棄物處理和環境管理最大的專業公司

歐萊德為亞洲第一個取得德國再生塑料EuCertPlast certification成品類cyclos認證的企業

· 財團法人資訊工業策進會：政府機構第三方專業檢驗

TIPS_台灣智慧財產管理規範

· 衛生福利部食品藥物管理署：政府機構第三方專業檢驗

GMP_自願性化妝品優良製造規範指引

· 行政院環境保護署：政府機構第三方專業檢驗碳標籤

· 經濟部工業局：政府機構第三方專業檢驗

綠色工廠標章：綠色工廠須具備綠建築標章與符合清潔生產評估

· 內政部：綠建築標章

附錄三：歐萊德歷年榮耀紀錄

二〇二一年（截至本書付梓時）

- 七度榮獲「台灣精品獎」（枸杞輕盈身體乳、酒釀護手霜、源木牙膏）

二〇二〇年

- 榮獲法國「全球永續美妝獎」新品冠軍（源木牙膏）、永續美妝先鋒兩大獎
- 與蘋果、台積電、香奈兒入選RE100「全球綠色領袖獎」最佳社區變革獎（Best Community Changemaker）
- 榮獲英國「全球CSR卓越金獎」
- 榮獲日本「優良設計獎」百大最佳設計
- 榮獲日本「優良設計獎」年度設計金獎（經濟產業大臣獎）
- 榮獲英國「全球CSR卓越金獎」
- 六度蟬聯「天下CSR企業公民獎」小巨人獎
- 四度榮獲「國家企業環保獎」
- 二度榮獲國家「低碳產品獎勵」（香檳玫瑰油）
- 六度榮獲「台灣精品獎」（檸檬草植萃乾洗髮）
- 二度榮獲「桃園市金牌企業卓越獎」愛地球首獎
- 榮獲營銷傳播界奧斯卡——「艾菲獎」（Effie Award）美容美妝類銀獎

二〇一九年

· 受邀至第二十五屆聯合國氣候變遷會議演講
· 三度榮獲法國「全球永續美妝獎」領導獎冠軍（零碳計畫）
· 再度榮獲「亞洲永續報告獎」之最佳中小企業首獎、設計銅獎、供應鏈銅獎
· 榮獲英國「全球綠色環保獎」綠色產業類（Commerce）銀獎、綠色創新（Innovation）、綠色組織（Organisation）銅獎
· 榮獲「亞洲質量創新獎」
· 三度榮獲「國家企業環保獎」
· 二度榮獲「國家永續發展獎」
· 榮獲國家「低碳產品獎勵」
· 連續第五年「天下CSR企業公民獎」小巨人首獎
· 五度榮獲「台灣精品獎」（枸杞恒潤撫紋菁萃、枸杞晶透活顏菁露）
· 榮獲SGS頒發第一屆「企業社會責任獎」
· 榮獲「桃園市金牌企業卓越獎」愛地球獎
· 榮獲「遠見雜誌CSR年度大調查」楷模獎
· 榮獲經濟部「產業創新獎」綠能生技類
· 榮獲「臺灣循環經濟獎」金級獎

二〇一八年

・法國「全球永續美妝獎」包裝獎（再生壓頭）
・德國「iENA紐倫堡發明展」金牌（咖啡因養髮液）
・英國「全球綠色環保獎」金獎
・英國「全球美妝大獎」最佳天然美妝新品（咖啡因養髮液）
・瑞士「日內瓦發明展」金牌獎、特別獎（咖啡因養髮液）及銀牌獎（枸杞恆潤撫紋菁萃）
・榮獲「國家品質獎」卓越經營獎
・榮獲「天下CSR企業公民獎」小巨人首獎
・四度榮獲「台灣精品獎（經典氣墊梳、檜木頭皮去角質凝露）
・榮獲「第十二屆桃園市績優企業卓越獎」環保循環卓越獎
・榮獲「遠見雜誌CSR年度大調查」楷模獎
・榮獲環保署「國家企業環保獎」金級獎
・榮獲「資誠CSR影響力獎」

二〇一七年

・法國「全球永續美妝獎」領導獎
・法國「全球永續美妝獎」包裝獎（再生瓶）
・英國「全球綠色環保獎」金獎（全產品）

- 美國「Katerva創新獎」
- 「亞洲永續報告獎」最佳中小企業首獎
- 德國「紅點設計獎」（企業社會責任報告書）
- 日本「G-Mark優良產品設計獎」（企業社會責任報告書）
- 上海「可持續行動典範獎」
- 上海「可持續行動傳播影響力獎」
- 榮獲「天下CSR企業公民獎」小巨人首獎
- 榮獲「永續社會責任績效典範獎」（ISO Plus Award）
- 第五屆「國家環境教育獎」第一名
- 第四屆「潛力中堅企業獎」
- 三度榮獲「台灣精品獎」（咖啡因養髮液、一〇〇%再生瓶洗髮精、阿爾卑斯山柳蘭 女用養髮液）
- 榮獲「第十一屆桃園市績優企業卓越獎」創新智慧卓越獎
- 「遠見雜誌CSR年度大調查」首獎

二〇一六年

- 台灣第一座鑽石級綠建築碳足跡認證
- 台灣第一座化妝品綠色工廠標章
- 榮獲「亞洲企業社會責任獎」（Asia Responsible Enterprise Awards, AREA）綠色領導獎

・Shopping Design 2016 Best 100 Award（歐萊德綠建築總部）
・榮獲SGS「變革創新品質管理典範獎」
・榮獲「實驗室認證」（ISO 17025 TAF）
・榮獲「組織型溫室氣體盤查」（ISO 14064）
・榮獲「產品碳足跡認證」（ISO 14067）
・榮獲「天下CSR企業公民獎」小巨人首獎
・二度榮獲「台灣精品獎」銀質獎（Recoffee洗髮精）
・榮獲「桃園市第五屆環境教育獎」民營企業組
・榮獲「桃園市第十屆績優企業卓越獎」環保循環卓越獎

二〇一五年

・瑞士「日內瓦發明展」金牌獎及特別獎（瓶中樹洗髮精）
・日本「優良設計獎」（咖啡因瓶中樹）
・榮獲「第二屆國家智榮獎」卓越獎
・榮獲「天下CSR企業公民獎」小巨人首獎
・榮獲經濟部「金點設計獎」
・榮獲台灣「OTOP產品設計獎」
・榮獲「安永企業家獎」綠色創新企業家獎

二〇一四年

・德國「紅點設計獎」社會責任、包裝設計兩項（瓶中樹洗髮精）
・德國「iENA紐倫堡發明展」金牌獎及綠色發明獎（瓶中樹洗髮精）
・美國「INPEX匹茲堡發明展」金牌獎及特別獎（瓶中樹洗髮精）
・德國iF設計獎（瓶中樹洗髮精）
・日本「東京創新天才發明展」（World Genius Convention）金牌獎
・英國金融時報與渣打銀行「台灣企業獎」
・榮獲「國際綠色典範產品獎」（枸杞豐盈洗髮精系列、茶樹洗髮精系列）
・榮獲「台灣精品獎」（瓶中樹枸杞豐盈洗髮精）
・韓國「首爾國際發明展」發明銀牌獎（瓶中樹洗髮精）
・榮獲遠見雜誌「CSR企業社會責任獎」中小企業組首獎
・榮獲SGS「PAS99系統整合標竿獎」
・榮獲「桃園縣第八屆績優企業卓越獎」創新企業獎、金質獎
・榮獲「數位時代綠色品牌大調查」日常生活類優選

二〇一三年

・受邀至美國紐約永續高峰會演講
・德國紅點設計獎Best of the Best 2013（瓶中樹洗髮精）
・榮獲SGS「環境友善永續獎」

．榮獲「行政院環保署節能減碳行動標章」企業乙組特優獎
．榮獲「台灣中小企業社會責任獎」環境保護與綠色研發
．榮獲「環保綠能卓越獎」績優企業
．內政部「優良綠建築榮譽獎」（歐萊德綠建築總部）
．經濟部「台灣綠色典範獎」全國評比第一名

二〇二二年

．榮獲「台灣EEWH綠建築」黃金級認證（歐萊德綠建築總部）
．榮獲「國家磐石獎」
．榮獲SGS「環境友善永續獎」
．榮獲企業經營最高模範——「國家創業楷模獎」
．榮獲「環保綠能卓越獎」績優企業
．桃園縣「環保綠能卓越獎」
．環保署「國家企業環保獎」
．行政院「國家永續獎」
．經濟部「工業精銳獎」
．學學文創志「學學獎」（歐萊德綠建築總部）

二〇一一年

・代表台灣中小企業參與APEC2011發表綠色創新成果演說
・榮獲「台灣中小企業社會責任獎」環境保護與綠色研發
・全球第一家達成「碳中和」PAS2060洗髮精
・榮獲經濟部「金點設計獎」標章
・經濟部「台灣綠色典範獎」全國評比第一名
・學學文創志「學學獎」（歐萊德綠建築總部）
・榮獲「數位時代綠色品牌大調查」日常生活類優選
・全台第一家榮獲國家「碳足跡標籤」中小企業
・全台第一家榮獲國家「碳足跡標籤」洗髮精與護髮品

二〇一〇年

・台灣商業服務業「優良品牌獎」

二〇〇九年

・台灣商業服務業「優良品牌獎」

綠建築標章指標：
歐萊德獲得一公頃以下最高等級黃金級綠建築標章，並達到七項指標：
1、綠化，2、基地保水，3、水資源，4、日常節能，5、廢棄物減量，
6、汙水及垃圾改善，7、室內環境

國家圖書館出版品預行編目(CIP)資料

從沙龍到聯合國：歐萊德創辦人葛望平的綠色模式/邵冰如著. -- 第一版. -- 臺北市：遠見天下文化出版股份有限公司, 2021.03
面；　公分. -- (財經企管；723)

ISBN 978-986-525-043-0(平裝)

1.葛望平 2.企業經營 3.臺灣傳記

783.3886　　110000906

財經企管 BCB723

從沙龍到聯合國

歐萊德創辦人葛望平的綠色模式

作者 — 邵冰如

企劃出版部總編輯 — 李桂芬
主編 — 李偉麟
責任編輯 — 李偉麟、李依蒔
封面暨內頁美術設計 — 洪雪娥
內頁照片 — 歐萊德提供
校對 — 魏秋綢

出版者 — 遠見天下文化出版股份有限公司
創辦人 — 高希均、王力行
遠見・天下文化 事業群榮譽董事長 — 高希均
遠見・天下文化 事業群董事長 — 王力行
天下文化社長 — 王力行
天下文化總經理 — 鄧瑋羚
國際事務開發部兼版權中心總監 — 潘欣
法律顧問 — 理律法律事務所陳長文律師
著作權顧問 — 魏啟翔律師
社址 — 台北市 104 松江路 93 巷 1 號
讀者服務專線 —（02）2662-0012 ｜ 傳真 —（02）2662-0007；（02）2662-0009
電子郵件信箱 — cwpc@cwgv.com.tw
郵撥帳號 — 1326703-6 號　遠見天下文化出版股份有限公司

電腦排版 — 立全電腦印前排版有限公司
製版廠 — 中原造像股份有限公司
印刷廠 — 中原造像股份有限公司
裝訂廠 — 中原造像股份有限公司
登記證 — 局版台業字第 2517 號
總經銷 — 大和書報圖書股份有限公司 電話｜（02）8990-2588
出版日期 — 2021 年 3 月 10 日第一版第一次印行
2024 年 5 月 17 日第一版第五次印行

定價 — 新台幣 450 元
ISBN — 978-986-525-043-0
書號 — BCB723
天下文化官網 — bookzone.cwgv.com.tw

天下文化
BELIEVE IN READING